Veit Lindau

Opus

GOLDMANN
Lesen erleben

VEIT
LINDAU

OPUS

MACH
DEIN LEBEN
ZU EINEM
MEISTERWERK!

GOLDMANN

Der Goldmann Verlag weist ausdrücklich darauf hin, dass im Text enthaltene externe Links vom Verlag nur bis zum Zeitpunkt der Buchveröffentlichung eingesehen werden konnten. Auf spätere Veränderungen hat der Verlag keinerlei Einfluss. Eine Haftung des Verlags für externe Links ist stets ausgeschlossen.

FSC
www.fsc.org
MIX
Papier aus verantwortungsvollen Quellen
FSC® C014496

1. Auflage

Originalausgabe November 2016

Neumarkter Str. 28, 81673 München
Umschlaggestaltung: UNO Werbeagentur, München
Umschlagmotiv: © FinePic®, München
Lektorat: Mareike Fallwickl, Hof bei Salzburg,
Judith Mark, Freiburg i. Br.
fm · Herstellung: cb
Satz: Satzwerk Huber, Germering
Druck und Bindung: GGP Media GmbH, Pößneck
Printed in Germany
ISBN 978-3-442-22174-5

www.goldmann-verlag.de

Dieses Buch ist deinem Meisterwerk gewidmet.
Dir.
Das schönste Geschenk, was du mit uns allen teilen kannst, bist du in deiner schönsten und freiesten Version.
Erlaube dir, bemerkenswert zu sein.

PROLOG

Ich wünsche dir einen wundervollen Tag. Danke, dass du dir die Zeit nimmst, diese Zeilen zu lesen. Damit teilst du mit mir nämlich das Wertvollste, was du hast – deine Aufmerksamkeit.
Alle Welt ringt um deine Aufmerksamkeit. Deine Liebsten beanspruchen sie. Deine Kids. Deine Kollegen und Kunden. Werbung und Medien investieren Milliarden, um dich dazu zu verführen, ihnen deine Aufmerksamkeit zu schenken.
Was ist so kostbar daran?
Deiner Aufmerksamkeit folgt dein Bewusstsein, und dem folgt dein Leben.
Alle wollen ein Stück deines Lebens.
Und du verteilst es großzügig.
Doch weißt du, wer dabei meist zu kurz kommt?
Du selbst.
Wie oft sinkst du am Abend erschöpft ins Bett und wunderst dich, dass schon wieder ein Tag deines Lebens verflogen ist? Deine Aufmerksamkeit war wahrscheinlich viel im Außen, doch relativ wenig bei dir.
Keine Angst. Dieses Buch ist kein Hohelied auf schnöden Egoismus.
Vielmehr enthält es eine Einladung.
Ich lade dich ein, deine Aufmerksamkeit etwas von außen abzuziehen und mehr nach innen zu

wenden. Denn hier wartet etwas Wunderschönes auf dich. Dein Meisterwerk. Dein OPUS.

Vielleicht denkst du: »Was, ICH und Meisterwerk? Ich bin doch nur ein ganz gewöhnlicher Mensch.«

Ich kann dich beruhigen: Ich auch.

Dennoch weiß ich, dass in dir ein Meisterwerk schlummert.

Etwas Einzigartiges.

Etwas, das nur du sein kannst. Das nur du leben kannst. Das nur du verschenken kannst.

Das muss nichts in weltlichen Maßstäben Spektakuläres sein. Vielleicht hütest du in dir eine kleine Blume, die in ihrer Zartheit schnell übersehen werden kann. Vielleicht geht es dir gar nicht darum, von vielen anderen gesehen zu werden.

Aber siehst *du* dich?

Weißt *du*, wer du wirklich bist?

Und lebst du deine Wahrheit – von innen nach außen?

Ich kenne dich nicht persönlich.

Ich weiß nichts von deinem inneren Meisterwerk.

Doch eins weiß ich ganz sicher aus dem Kontakt mit mittlerweile über 20 000 Menschen:

Es ist da.

Etwas ist in dir, das du leben musst, damit deine Augen am Abend zufrieden leuchtend in den Spiegel schauen.

Etwas gibt es in jedem von uns, das entdeckt und befreit werden will. Manche nennen es Berufung, andere nennen es eine Gabe. Ich nenne es dein Meisterwerk. Genau genommen ist es nicht *dein* Meisterwerk. Das Leben hat dieses Meisterwerk in dir angelegt. Deine Aufgabe ist es, dieses Opus zu entdecken, zu beschützen, zu entfalten.

Ich weiß, dass Menschen, die ihr Meisterwerk gefunden haben, anders leben. Sie sprechen anders. Sie bewegen sich anders. Sie sind umgeben von einer Aura eines souveränen Friedens. Denn sie folgen ihrer Spur.

Ich weiß aus Gesprächen mit Sterbebegleitern, dass diese Menschen auch anders sterben. In den letzten Minuten in ihrer Nähe zu sein wird als großes Geschenk wahrgenommen. Sie können ihr Leben loslassen, weil sie voll zugegriffen haben. Sie wurden von ihrem eigenen Mythos gefunden und geöffnet.

Ergeben meine Worte Sinn für dich?

Berühren sie dich?

Dieses Buch erklärt den Zugang zu deinem Meisterwerk auf einer rationalen, psychologischen Ebene. Zum Beispiel, wenn es um die Analyse deiner Stärken geht.

Doch vor allem möchte ich dich an die vielleicht tiefste Sehnsucht des menschlichen Lebens erinnern: Herauszufinden, wer wir wirklich sind – bevor wir sterben.

Ich stelle immer wieder erstaunt fest, dass diese Frage nicht für jeden Menschen relevant ist. Offenbar reicht es vielen aus, einfach so zu leben. Tag für Tag. Das meine ich nicht wertend.
Ich will nur sagen: Lies dieses Buch bitte nur, wenn du diese tiefe Sehnsucht kennst.
Sonst werden dich die Fragen wohl eher nerven.

Was hat dich bewegt, zu diesem Buch zu greifen?
Wofür liest du es?
Wofür tust du die Dinge, die du tust?
Wofür lebst du?
Hast du bereits eine Ahnung von deinem inneren Meisterwerk?

Übrigens: keine Sorge. Die Entdeckung deines Meisterwerks wird dich nicht überheblich machen. Im Gegenteil. Arroganz ist ein gutes Zeichen dafür, dass jemand noch in der falschen Richtung nach sich selbst sucht.
Die Enthüllung dessen, was das Leben in dir verborgen hat, macht dich still und demütig.
Wenn du dich von diesem Buch auf deiner existenziellen Ebene berühren lässt, liegt eine erstaunliche Entdeckungsreise vor dir. Sie wird dir noch mehr Selbstvertrauen, aber auch Vertrauen in die gesamte Existenz schenken. Denn du begreifst, dass du dich selbst nie in dieser komplexen Schönheit und Bestimmung hättest planen kön-

nen. Du enthüllst dich – und mit jedem Schleier, der fällt, macht dein gesamtes Leben und alles, was dir passiert ist, mehr Sinn.

In diesem Buch geht es um den Unterschied zwischen einem Leben, das von außen nach innen, und einem Leben, das von innen nach außen geführt wird.

Ich lade dich ein, deine so, so wertvolle Aufmerksamkeit von außen abzuziehen und auf dich zu richten und dann – von innen heraus – deine Schätze mit der Welt zu teilen.

Nicht weil es irgendjemand von dir will, sondern weil es das Leben in dir einfach so tun muss.

Dein Leben ist so kostbar.

Du bist so kostbar.

Bitte verschlafe dich nicht.

In Dankbarkeit für unsere Begegnung,

Veit

DAS MEISTER WERK

IN DIR

Von dem berühmten Bildhauer Michelangelo ist eine Geschichte überliefert.
Als er die Statue des David der Öffentlichkeit präsentierte, wurde er gefragt, wie es ihm möglich sei, solch eine Schönheit zu erschaffen.
Michelangelo soll geantwortet haben: Ich habe den David nicht erschaffen. Er war schon immer im Marmor verborgen. Ich habe ihn nur von allem Überflüssigen befreit.

DER RUF

Beantworte mir bitte aus dem Bauch heraus (also ohne groß darüber nachzudenken) die folgende Frage:

Wie viel Prozent deines tatsächlich in dir angelegten Potenzials an Kraft, Talenten, Träumen und Idealen lebst du bereits?

______ (deine Prozentzahl)/100 Prozent

Bist du der Meinung, dass du bereits dein volles Potenzial verwirklichst? Dann herzlichen Glückwunsch!
Oder hast du das Gefühl, da geht noch mehr? Bist du bereit herauszufinden, wie du die in dir schlummernden Kräfte wecken kannst?
Dann habe ich dieses Buch für dich geschrieben.
Glaubst du an Zufälle? Ich nicht. Ich bin überzeugt, dass wir uns hier treffen mussten.
Bewusst oder unbewusst kennst du – genau wie ich und viele andere Menschen – *den Ruf*. Die Ahnung dessen, dass da eigentlich noch viel mehr

möglich wäre. Manchmal zeigt sich der Ruf als drängende Frage: Wofür bin ich hier? Was ist mein wahres Potenzial? War das schon alles?

Manchmal kommt er in Form einer traurigen Stimmung – besonders beim Aufstehen und in den stillen Abendstunden. Oder aber wenn du dich wie ein Ferrari fühlst, der mit angezogener Handbremse und quietschenden Reifen mit zehn Kilometern pro Stunde immer wieder dieselbe Runde durchs Dorf fährt. All diese und noch viele andere Symptome können auftreten, wenn wir zu viel Zeit darein investiert haben, von außen nach innen zu leben, anstatt von innen nach außen.

Von außen nach innen

Vier Millionen Deutsche litten im Jahr 2014 an depressiven Krankheiten.

Die WHO rechnet damit, dass Depression im Jahr 2030 weltweit die häufigste Krankheit sein wird.

Der Verbrauch an Antidepressiva hat sich seit dem Jahr 2000 mehr als verdoppelt.

Die Zahl der Burn-out-Fälle steigt permanent an.

Gleichzeitig wissen wir so genau wie nie zuvor, was ein Mensch braucht, um glücklich zu sein.

Was ist mit uns los?

Werden wir langsam verrückt?

Warum kultivieren wir als Einzelne und als Gesellschaft nicht wesentlich entschlossener einen Lebensstil, der uns guttut?

Als Kinder haben wir die Welt neugierig von innen heraus erkundet. Wir sind auf alles zugekrabbelt, was uns interessierte. Wir probierten jeden Tag neue Dinge aus, folgten unseren Impulsen. Noch unbewusst und doch sehr effizient machten wir uns daran, spielerisch unser enormes Potenzial freizulegen. Hat uns etwas gutgetan, haben wir es wiederholt. Hat uns etwas gelangweilt oder sogar Schmerzen zugefügt, haben wir es ab da vermieden.
Was ist dann passiert?
Nun, wir wurden umgekrempelt. Uns wurde der Instinkt regelrecht abtrainiert. Wenn du nicht das Glück hattest, bei sehr starken und freien Menschen aufgewachsen zu sein, hast du diesen Prozess auch durchlaufen. Wir nennen ihn *Erziehung*. Ein nettes Wort für den massivsten, kollektiv akzeptierten Konditionierungsprozess, den es auf unserem Planeten gibt. Er findet in drei Etappen statt.
Zuerst implantieren unsere Eltern ihre Erwartungen und Vorstellungen in Form von Glaubenssätzen und Verhaltensregeln in unser ungeschütztes Bewusstsein. Selbst wenn sie uns über alles lieben, müssten sie extrem bewusst sein, um ihre teilwei-

se fragwürdigen Grenzen im Geist und Handeln nicht an uns weiterzugeben. Wir nehmen sie bereitwillig auf, denn wir vertrauen ihnen und wollen dazugehören. Wir wollen nichts mehr, als von diesen Halbgöttern akzeptiert und geliebt zu werden. Also beginnen wir, im Austausch für ihre positive Aufmerksamkeit ihre Erwartungen zu erfüllen. Wir richten uns immer mehr an ihrer Meinung als an unserer Wahrnehmung aus.

Die nächste und wahrscheinlich wirksamste Konditionierungsphase ist die Schule. Noch hat unsere Gesellschaft kein Bildungsmodell gefunden, das es Kindern gestattet, Freidenker und Potenzialentfalter zu bleiben. Der Hirnforscher Gerald Hüther sagt: »98 Prozent unserer Kinder sind hochbegabt. Nach der Schule sind es nur noch zwei Prozent.« Unser Bildungssystem formt aus kreativen, begeisterten Genies ängstliche Notwendigkeitsdenker, die nicht mehr von innen nach außen leben (Was will ich wirklich arbeiten? Wofür brenne ich?), sondern von außen nach innen (Was sagen meine Zensuren über mich aus? Was gibt mir der Arbeitsmarkt an Möglichkeiten vor?).

Das Erste, was uns in der Schule abtrainiert wird, ist der natürliche Bewegungsdrang. Wer sich mit dem Zusammenhang zwischen geistiger Flexibilität und Koordination des Körpers beschäftigt, dem wird schnell klar, dass wir eben in der Schule nicht

nur gezwungen werden, mehrere Stunden ruhig zu sitzen. Uns wird das freie, in alle Ecken des Universums offene Denken abgewöhnt. Aus wachen, alles neugierig hinterfragenden Köpfen werden nachplappernde Mitdenker. Der durch kein Tabu begrenzte Geist wird peu à peu in eine unsichtbare und gerade deshalb so wirksame Box gesperrt. Das Perverseste daran: Wenn wir die Schule verlassen, brauchen wir keine »Gefängniswärter« mehr. Wir sind ab sofort selbst welche und passen bestens darauf auf, dass wir ja nicht »abweichen« oder ausbrechen aus der Box.
Du glaubst mir nicht? Dann beobachte doch einmal, wie du auf Andersdenkende und Querdenker reagierst.

Wie stehst du zu Menschen, die in ihrem Charakter und Kleidungsstil, ihren Vorlieben und sexuellen Veranlagungen ... drastisch anders sind als du?
Wie antwortest du, wenn dir dein Freund einen »verrückten« Traum präsentiert?
Was fühlst du, wenn du selbst einen »verbotenen« Gedanken denkst? Zum Beispiel einen, der dir zuflüstert, für dich wäre noch viel, viel mehr drin.
Wie reagierst du, wenn du in deinen Träumen die Grenze von »Ich sollte ... ich darf nicht ... ich kann nicht ...« überschreitest?
Wann hast du das letzte Mal etwas völlig Neues gemacht?

Wann hast du das letzte Mal einen bisher unbekannten, überraschenden Aspekt deiner Persönlichkeit entdeckt und ausgelebt?
Wo verteidigst du deine innere Grenze zwischen möglich und unmöglich, indem du dir und anderen erzählst, dass es anders eben nicht geht?

Vielleicht liest du das und denkst: »Veit, das mag auf die anderen zutreffen. Ich bin völlig frei.«
Der Gedanke schmeichelt deinem Ego und ist der beste Beweis dafür, dass auch du in einer Box denkst. Der Mathematiker und Philosoph Kurt Gödel formulierte einmal das Axiom, dass sich ein System niemals selbst erkennen kann. Auf unser Thema angewendet bedeutet dies: Wir erkennen unsere Begrenzung erst, wenn wir sie hinter uns gelassen haben. Davor fühlt sie sich verführerisch vertraut und echt an.
Wenn du also die Schule verlässt, ist es dir »in Fleisch und Blut« übergegangen, auf die äußeren Erwartungen anderer zu reagieren, statt deinem inneren Ruf zu folgen. Übrigens trifft dies auch auf dich zu, wenn du dich entschieden hast zu rebellieren. Denn *wogegen* rebellierst du denn? Gegen äußere Impulse. Paradoxerweise lebt also auch ein ach so freier Rebell von außen nach innen.
Nun startet die dritte Phase der Konditionierung: Integration in eine säkulare, am Haben ausgerich-

tete Leistungsgesellschaft. Wofür wirst du in unserer Kultur belohnt? Dafür, dass du glücklich bist, oder dafür, dass du die Erwartungen erfüllst? Von morgens bis abends bombardieren uns die Menschen in Job, Politik, Medien, Werbung und – nicht zu vergessen – unsere Familie mit Erwartungen. Wer nicht verdammt diszipliniert und wach lebt, dessen Aufmerksamkeit wird ständig vom allgemeinen Sog mitgerissen – von dir weg. Nach außen. Und so strengen sich viele von uns ein Leben lang redlich an, das Meisterwerk zu errichten, das andere von uns wollen – unsere Eltern, unsere Lehrer, Chefs, Ehemänner, Ehefrauen …

Wenn du mich noch nicht kennst, könntest du nun den Eindruck bekommen, ich würde hier zum Umsturz unserer Gesellschaft aufrufen. Nichts liegt mir ferner. Ich will nicht *gegen etwas* rebellieren.

Ich schätze das, was ist, als das Ergebnis eines jahrtausendealten Ringens der Menschheit um Würde und Erwachen. Besser ging es bis hierher nicht. Punkt.

Ich will das, was ist, nicht bekämpfen.

Ich möchte es gemeinsam mit dir infrage stellen.

Denn das müssen wir. Dringend.

Wir haben mit diesem Lebensstil – von außen nach innen – im Außen viel erschaffen. Doch die Seele, die ins Exil verbannt wird, fordert ihren

Tribut. Die Depressions- und Burn-out-Statistiken sprechen eine deutliche Sprache.
Ich will das, was ist, nicht bekämpfen.
Ich möchte es gemeinsam mit dir weiterentwickeln.
Ich glaube, dass im kommenden Jahrzehnt nicht mehr nur einzelne spirituell Suchende, sondern immer mehr Normalos, immer mehr Unternehmen und auch Schulen sich der Frage zuwenden werden: Was braucht ein Mensch, um von innen heraus – ohne Druck und Zwang, sondern angespornt durch Freude – zu erblühen? Ich möchte dich einladen zu ehren, was du bis hierher erreicht hast, und zu befreien, was noch in dir schläft. Ich glaube nämlich, dass du nicht bis hierher gelesen hättest, wenn da nicht noch viel, viel mehr in dir nach Entdeckung rufen würde.
Willst du so leben, dass du am Ende sagen kannst: »Ich habe brav alle Erwartungen der anderen erfüllt«?
Oder willst du deinen letzten Atemzug mit friedvollen Augen tun, weil du in deinem Leben von innen heraus geöffnet wurdest?

(Noch) Eine Utopie

Stell dir eine Welt ohne Not vor, in der alle Menschen von Geburt an dazu eingeladen werden, das in ihnen angelegte Meisterwerk zu erforschen und voller Freude freizulegen. In der wir ermutigt werden, unserem einzigartigen Wesen individuellen, kreativen Ausdruck zu verleihen. In der wir alle tagtäglich die Unterrichtsfächer besuchen, für die wir brennen. In der wir am Morgen aufstehen und Jobs nachgehen, die wir lieben und die wir auch machen würden, wenn es kein Geld mehr gäbe. Klingt das verrückt für dich? Utopisch? Kann sein. Doch beginnt nicht alles Neue mit einer »vollkommen unrealistischen« Vision? Haben wir nicht so die Erde erobert, Schiffe und Flugzeuge gebaut, tödliche Seuchen besiegt? Weil es »Verrückte« gab, die darauf beharrten, dass es eine Lösung geben müsse? Die Welt des Möglichen ist immer viel weiter, als uns das gegenwärtige Paradigma vorschreiben will.

Das Thema Potenzialentfaltung liegt mir besonders am Herzen. Zum einen habe ich selbst über etliche Jahre auf leidvolle Art erfahren, wie es ist, wenn man sich selbst und seine Berufung nicht kennt und das ungute Gefühl hat, einen Teil seines Lebens zu vergeuden, indem man am falschen Platz das Falsche tut. Zum anderen habe ich in der Arbeit mit mittlerweile mehreren Tausend Menschen erkannt, wie entscheidend Selbsterkenntnis und eine möglichst freie Selbstentfaltung für unser Wohlbefinden und unsere Gesundheit sind.

In mir steckt ein Reformer. Das ist Teil meiner Berufung. Ich möchte die Welt ein wenig schöner machen. Ich glaube an das hohe Ideal eines selbstverwirklichten Menschen. Wir sind emotionale, sinnsuchende Wesen. Wir streben in der Tiefe – ob uns dies bereits bewusst ist oder nicht – nach Selbsterkenntnis und Erfüllung. Zu meinen Klienten zählen Schüler, Studenten, Arbeitslose, Angestellte, Selbstständige und Unternehmer. Junge und Alte. Arme und Reiche. Sie werden alle von ähnlichen Fragen bewegt:

Wie kann ich aus dem Hamsterrad des ständigen Leistungsdrucks aussteigen, ohne zum Aussteiger werden zu müssen?

Ist es möglich, mit dem, was mir Freude macht, genügend Geld zu verdienen?

Was genau bereitet mir eigentlich Freude?

Was sind meine ganz speziellen Gaben, und wofür möchte ich sie wirklich einbringen?

Ich kann und möchte dir nichts über dich und dein Meisterwerk erzählen.

Ich weiß nur eins: Du sitzt auf einem Riesenschatz an Gaben.

Und du nutzt uns allen am meisten, wenn du diesen Schatz auspackst.

Alles ist bereits da. Näher als nah.

Was wir brauchen, ist Licht. In der Form von Bewusstsein.

Ich werde dir in diesem Buch deshalb vor allem Fragen stellen, die dich zum Erforschen deines Meisterwerks einladen, und dir einfache Übungen vorstellen, die dich darin unterstützen, deine inneren Erkenntnisse konkret im Außen umzusetzen.

Lass uns herausfinden, was für ein einzigartiges Instrument du bist, welches Lied du mit uns teilen möchtest und unter welchen Bedingungen du dein Lied am besten spielen kannst.

ERFOLGSWERK TIPP

Geh auf www.erfolgswerk.tips in den Leserbereich zum Buch. Dort findest du einen ermutigenden Videovortrag von mir zum Thema Berufung!

EINE NÜCHTERNE BESTANDSAUFNAHME

Bevor du mit den folgenden Kapiteln auf eine spannende innere Entdeckungstour gehst, ist es sinnvoll, den Ausgangspunkt deiner Reise zu erkunden. Viele Menschen sind latent unzufrieden, verpassen es aber, einmal genauer hinzuschauen und ihre bestehende Situation nüchtern zu analysieren. So tappen sie im Nebel, und nichts kann sich ändern. Nüchtern bedeutet, möglichst ohne emotionales Drama, quasi wie von außen, dein Leben zu betrachten und die Pros und Kontras aufzulisten. Bevor du dich also auf den Weg machst, solltest du herausfinden, wo du genau stehst.

Fragebogen

Die folgenden Fragen helfen dir dabei. Beantworte sie ehrlich und spontan.

Auf einer Skala von 1 (gar nicht) bis 10 (ausgezeichnet), wie zufrieden bist du allgemein mit deinem Leben?

3

Auf einer Skala von 1 (gar nicht) bis 10 (ausgezeichnet), wie zufrieden bist du meistens mit deinem Privatleben?

3

Auf einer Skala von 1 (gar nicht) bis 10 (ausgezeichnet), wie zufrieden bist du meistens mit deinem Berufsleben?

1

In welchen Bereichen/Situationen deines Lebens erlebst du dich voll in deiner Kraft?

in Reisen

In welchen Bereichen/Situationen deines Lebens erlebst du dich ausgebremst/nicht authentisch?

Wenn du heute sterben müsstest, wofür wärest du dankbar?

für meine Familie/
Bechte und meine
Lebenserfahrung

Wenn du heute sterben müsstest, was würdest du am meisten bereuen?

mich nicht genügend gebildet zu haben / nicht genug Zeit mit mein Liebs

In welchen Bereichen/Situationen deines Lebens erfährst du häufig Freude? Und was genau bereitet dir daran Freude?

in der Natur zu sein
die Freiheit zu spüren

In welchen Bereichen/Situationen deines Lebens erfährst du hin und wieder oder sogar häufig Frust? Und was genau frustriert dich?

In welchen Bereichen/Situationen deines Lebens erfährst du hin und wieder oder sogar häufig Stress? Und was genau stresst dich?

In welchen Bereichen/Situationen deines Lebens erfährst du hin und wieder oder sogar häufig Traurigkeit? Und was genau macht dich traurig?

Zähle fünf persönliche Stärken auf, die du bereits lebst:

1. Menschenkenntnis 2. ____________

3. ____________ 4. ____________

5. ____________

Zähle eine bis fünf Qualitäten/Fähigkeiten auf, die du gern mehr entwickeln und leben würdest.

1. Singen 2. Zeichnen

3. ____________ 4. ____________

5. ____________

Wenn du dir vorstellst, in die Rolle eines ruhigen, genauen Beobachters zu schlüpfen und dein Leben 14 typische Alltagstage lang von außen zu beobachten, wie würdest du dich beschreiben? Was fällt dir besonders auf?

____

____

Was sind eine bis fünf wichtige Fragen, die dich bewegen und die du mit Hilfe dieses Buchs beantworten möchtest?

____

____

____

Was sind ein bis fünf wichtige Wünsche, die du dir gern mit Hilfe dieses Buchs erfüllen würdest?

____

____

____

____

____

RESPEKT

Hast du gerade einen Spiegel in der Nähe? Wenn nicht, stell dir vor, du schaust in einen hinein.
Was siehst du?
Dich?
Nein. Du siehst Würmerfutter.
Egal wie sehr du deinen Körper mit Vitaminen, Sport oder Botox pimpst, demnächst (gemessen an den Zeitdimensionen dieses Universums) wird er als Würmerfutter dienen.
Ist diese Sichtweise morbide?
Keineswegs. Sie ist vital. Die Verleugnung unserer Sterblichkeit lässt uns wegpennen. Sie verleitet uns zu faulen Kompromissen und zur inflationären Vergeudung von Zeit.

Um dein Meisterwerk freizulegen,
braucht es vor allem Respekt.
Respekt für die kostbare Chance deines Lebens.
Respekt für die Gefahr des Einschlafens.

Ohne Respekt wirst du für äußere Einflüsse und Ablenkungen zur leichten Beute. Du trudelst dahin wie ein Schiff ohne Steuer. Das Leben spuckt dich an fremden Ufern aus. Du wirst zum Statisten in Geschichten, die mit dir reichlich wenig zu tun haben. Respekt schult dich zum Krieger, zur

Kriegerin. Auf der Jagd nach Kraft. Nach echten Momenten. Nach deiner Bestimmung.
Ich habe mit einer Menge Menschen zu tun. Ich beobachte gern. Ich höre ihnen zu. Glaub mir, ohne Respekt für die Endlichkeit deines Lebens kannst du alle Ratgeberbücher in die Tonne kloppen. Einige schlaue Erkenntnisse, ein kurzatmiges Aufflackern eines Entschlusses, ein bisschen Oberflächenkosmetik ... mehr ist nicht drin. Nicht, weil nicht stimmt, was in den Büchern steht. Doch es fällt nicht auf fruchtbaren Boden. Es versinkt im Morast der Respektlosigkeit uns selbst gegenüber. Nichts wird wirklich greifen, wenn du dich nicht ernst nimmst.
Auf der anderen Seite ... wenn du dich respektierst, verwandelt sich jeder Tag in ein Abenteuer. Jeder Moment wird zur Chance. Dann reicht ein guter Satz, eine starke Frage, und du gehst los.
Alle Menschen, die ich als echte Jäger von Kraft bezeichnen würde, strahlen eine Aura von Respekt und Entschlossenheit aus. Entweder du hast das – naturgegeben –, oder du holst es dir, indem du dich wieder und wieder daran erinnerst: Würmerfutter!
Besuche ruhig öfter mal einen Friedhof und sprich mit den Toten. Frag sie, ob sie ihre Meisterwerke lebten. Ob ihre Augen zu Lebzeiten leuchteten.
Hör auf, die Gesellschaft, deine Kindheit oder verständnislose Artgenossen dafür verantwortlich

zu machen, dass du noch schläfst. Niemand und nichts kann dich aufhalten, wenn du dir mit Respekt begegnest.
Genau gesagt ist es nicht einmal Respekt dir als Person, sondern der Kraft des Lebens gegenüber, die in dir atmet. In dir geschieht ein Wunder. In dir sucht die Evolution nach neuen Wegen, sich zu entfalten. In dir ringt Bewusstsein um ein immer weitreichenderes Erwachen. Wenn es einen Grund gibt zum Staunen, dann ist es dein Leben. Steh jeden Morgen wie ein Krieger, eine Kriegerin auf, die wissen, dass es heute um alles geht, und du wirst staunen. Denn jeder einzelne deiner Tage birgt die Antworten auf so viele deiner Fragen, wenn du wach bist. Er erwartet dich mit unzähligen Gelegenheiten, DAS in dir zu entdecken, was nicht Würmerfutter ist. Respekt ist der Boden für alles.

AM GRUNDE DES SEES

Ich werde manchmal gefragt, woher ich mein unerschütterliches Vertrauen in die Menschheit nehme. Sicher nicht aus dem, was wir bis jetzt kollektiv und global auf die Beine gestellt haben. Doch ich empfinde eine große Ehrfurcht vor der Intelligenz von Bewusstsein. Wenn ein Mensch wach und präsent ist, sagen wir auch: Er ist bewusst. Wir haben bis heute noch keine allgemeingültige Definition von Bewusstsein gefunden. Doch diese Kraft beim Wirken zu beobachten lässt mich immer wieder staunen. In meiner Arbeit geht es viel um Bewusstwerdung. Salopp ausgedrückt helfen wir Menschen durch Fragen, Übungen und Achtsamkeitsschulung, mit ihrem Bewusstsein mehr in ihrem Leben einzufliegen. Was dann geschieht, ist der Grund für mein Vertrauen.

Bewusstsein ist in sich sehr, sehr intelligent. Es weiß, was für diesen Menschen gut und was schädlich ist. Es kennt immer den nächsten Schritt. Es lässt mühelos Erkenntnisse hochploppen, die ein jahrelanges Problem in Sekunden lösen können. Nicht der Mensch ist das Problem, sondern unsere momentan noch sehr verbreitete Un-Bewusstheit. Wir sind fähig, einen kompletten Tag, eine Woche, ja ein ganzes Leben mehr oder weniger unbewusst hinter uns zu bringen. Das führt uns wieder und wieder in Situationen, die – von außen betrachtet – keinen Sinn machen und uns schaden. Wir brauchen eine undogmatische Kultur der Bewusstseinsschulung. Dann werden wir Wunder erleben. Ein bewusster Mensch braucht nicht über sein inneres Meisterwerk zu grübeln. Es »spricht« in jedem Moment zu ihm, führt ihn von innen heraus.

Ein bewusster Mensch nimmt wesentlich schneller wahr, wenn etwas an seinen Lebensumständen nicht stimmt, und justiert sanft nach.

Ein bewusster Mensch begegnet seinen Mitmenschen natürlich mit Mitgefühl, denn Bewusstsein kennt keine Grenzen.

Wenn du wissen willst, wer du bist, kannst du Bücher lesen und psychologische Tests ausfüllen. Doch diese äußeren Quellen können immer nur der Finger sein, der zum Mond weist, nicht der Mond selbst. Oder du machst es dir einfach und lädst dein Bewusstsein ein, dich von innen heraus zu führen. Ich kenne dich nicht, doch eins weiß ich sicher: Du bist wesentlich intelligenter und weiser, als dir im Augenblick bewusst ist. Das gilt für uns alle. Wie lädst du dein Bewusstsein ein, zu dir zu sprechen? Auch das ist einfacher, als du denkst. Aber nicht immer leicht.

Stell dir einen Bergsee vor, angefüllt mit kristallklarem Wasser. Auf seinem Grund gibt es einen

magischen Spiegel, auf dem sofort, wenn du eine Frage stellst, die für dich richtige Antwort erscheint.
Du willst wissen, wer du bist? Der Spiegel zeigt es dir!
Du willst wissen, was der nächste richtige Schritt ist? Der Spiegel weist ihn dir.
Es gibt nur ein Problem.
Das Wasser ist aufgewühlt.
Durch all das, was du ständig von außen hineinwirfst.
Zum Beispiel deinen eigenen ständigen Selbstdialog. All die Medien, die du konsumierst. Die Gespräche, die du führst. Werbung, Arbeitslärm, Straßenlärm, fremde Meinungen ...
Der See wird vom Moment des Erwachens bis zum Schlafengehen bei den meisten Menschen ständig aufgerührt. Und so kannst du die einfachen Botschaften auf seinem Grund nicht erkennen.
Willst du gut leben?
Von innen heraus?
Weise?
Entspannt?
Mit möglichst wenig unnötigen Reibungsverlusten?
Willst du dein Meisterwerk entdecken?
Dann gib dem See in dir die Gelegenheit, sich zu beruhigen.
Wie oft?

Jeden Tag. Möglichst morgens und abends.
Ich nenne diese Zeiten *Still Points*.
Das sind zehn bis dreißig Minuten, in denen du nichts von außen ins Wasser kippst, sondern es zur Ruhe kommen lässt. Ich weiß, dass dies zu Beginn eine Herausforderung sein kann, weil du anfangs nur die Unruhe des aufgewühlten Wassers spüren wirst. Doch glaube mir, es lohnt sich sehr. Ich prophezeie dir, dass die Integration von Still Points dich über alle Maßen beschenken wird. Ich gehe sogar so weit zu behaupten, dass wir noch Zeiten erleben werden, in denen die Kultur der Stille überlebensnotwendig wird. Ein unbewusst existierender Mensch gleicht – hart ausgedrückt – einem Zombie. Automatisch reagiert er auf äußere Einflüsse und fragt sich am Ende überrascht: »War es das schon?«
Du hast einige wesentliche Fragen an dich und das Leben?
Die Antworten warten bereits auf dich.
Auf dem Grunde des Sees in dir.

ERFOLGSWERK TIPP

Im Leserbereich findest du die geführte Meditation »Der stille Bergsee«. Sie lässt dich DAS, worum es in diesem Kapitel geht, direkt erfahren. Tut gut!

EIN SPIEGEL FÜR DEIN MEISTERWERK

Dein inneres Meisterwerk ist ein komplexes Wunder. Tief. Hintergründig. Mit Zugang zu vielen archetypischen Kräften. Mit funkelnden Facetten aller möglichen Eigenschaften. Dunkel und hell. Wild und leise. Jeder Tag birgt so viele Möglichkeiten, etwas Spannendes über dich zu erfahren, etwas Wesentliches zu lernen bzw. etwas Neues auszuprobieren.

Übung

Damit du den Erkenntnisschatz deiner Tage gründlich bergen kannst, empfehle ich dir, Spiegel im Außen zu etablieren. Zwei der bekanntesten Möglichkeiten sind Tagebuch und Vision Board.

Zu einem Tagebuch brauche ich nichts zu schreiben. Vielleicht führst du bereits eines.

Ein Vision Board ist eine große Fläche, zum Beispiel eine Magnettafel, eine Wand oder ein Korkbrett. Je größer, desto besser. In die Mitte kannst du einen Kreis malen, in den du »Mein Meisterwerk« schreibst, oder du wählst als Zentrum ein Foto von dir aus, in dem du dich in voller Kraft erlebst. Dann beginnst du außen herum alle Inspirationen, die du in einem Zusammenhang mit deinem Meisterwerk siehst, zu sammeln. Das können sein: Wörter, die bestimmte Qualitäten/Fähigkeiten/Wünsche von dir widerspiegeln.

Gute Fragen, die du wirken lassen möchtest.

Fotos aus Magazinen, die dich berühren.

Erkenntnisse, die du über dich gewonnen hast.

Dieses Vision Board darf sich im Laufe der Zeit füllen. Du kannst die Elemente so anordnen, wie es dir gefällt, sie wieder abnehmen, austauschen, neu kombinieren ...

Ein Vision Board hat den Vorteil, dass es die Komplexität deiner Psyche in einem Bild widerspiegeln kann.

Ich empfehle meinen Klienten, sich mindestens einmal am Tag für fünf Minuten davorzustellen und es einfach nur anzuschauen. Die Bilder bringen dein Unterbewusstsein »in Gärung«. Sie sorgen dafür, dass es sich tagsüber und nachts mit der Erforschung deines Meisterwerks beschäftigt. Indem du deine inneren Ahnungen und Impulse auf eine äußere Fläche packst, werden sie für dich deutlicher. Es ist, als würdest du ein Zwiegespräch mit deinem eigenen Unterbewusstsein führen. Immer wenn du etwas auf das Vision Board klebst, das dir entspricht, spürst du eine starke Resonanz und eine Freude des Wiedererkennens.

Dein Tagebuch ist dein Speicher für konkrete Erkenntnisse und Ideen. So geht nichts verloren.

Dein Vision Board ermöglicht dir, dein Inneres in seiner ganzen Komplexität sichtbar zu machen und so wiederum auf dich zurückwirken zu lassen.

DIE ZEICHEN LESEN

Alles ist immer da. Direkt vor unserer Nase.
Die Frage ist: Magst du es lieber einfach oder kompliziert?

Du kannst die Entdeckung deines inneren Meisterwerks wie ein furchtbar anstrengendes Unterfangen betreiben ...

- ... zehn Jahre unglücklich an deinem Arbeitsplatz auf deine Entdeckung hoffen,
- ... missmutig auf deinen Ehepartner starren und ihn für deine Unzufriedenheit verantwortlich machen,
- ... auf der Suche nach dir ans andere Ende der Erde reisen,
- ... zu Füßen eines Gurus auf die Erleuchtung warten
- und viiiiiiel Geld für Workshops ausgeben.

Oder du akzeptierst, dass es ganz einfach ist.
Wenn es dieses Meisterwerk in dir gibt, von dem ich hier die ganze Zeit schreibe, dann ist es immer da. Es versteckt sich nicht. Es schickt dir ständig Zeichen. Du musst nur beginnen, sie ernst zu nehmen.
Auf den nächsten Seiten findest du eine Auflis-

tung der häufigsten Signale unseres inneren Meisterwerks und Möglichkeiten, sie zu deuten.

Freude

Wann immer du einfache, natürliche Freude empfindest, lebst du gerade, was das Leben von dir will. Wenn du dies näher erforschen möchtest, kannst du dich in freudvollen Momenten fragen:

Was genau bereitet mir daran Freude?
Sind es die Umstände (die Natur, eine Party etc.)?
Ist es das, was ich tue (zum Beispiel wandern, lachen)?
Ist es das, was ich durch mein Tun bewirke (ein Problem lösen, einem anderen Menschen Freude bereiten)?

Traurigkeit

Hier ist nicht die Rede von der Traurigkeit, die du zum Beispiel bei einer Trennung oder beim Verlust eines geliebten Menschen empfindest. Ich meine jene dunkle Schwermut, die dich vielleicht ab und zu, in stillen Momenten, früh am Morgen oder in der Nacht, besuchen kommt.
Ich möchte dich von Herzen einladen, nicht vor ihr davonzurennen, sondern sie zu dir sprechen zu lassen. Unter der Traurigkeit verbirgt sich meist ein leises Lied der Sehnsucht.
Frage deine Seele, wonach sie sich sehnt.

Nach mehr Freiheit?
Lachen?
Ehrlichkeit?
Zartheit?

Lass dich nicht entmutigen, wenn du nicht sofort eine praktische Antwort für eine Erfüllung dieser Wünsche weißt. Erlaube der Sehnsucht, dein Herz zu füllen, und sage dir immer wieder, leise oder laut: »Ich vertraue meiner Sehnsucht, und ich werde einen Weg finden, sie zu stillen. Glück ist mein Geburtsrecht.«

Wut

In unserer Gemeinde von Kontrollfreaks wird Wut als etwas Schlechtes angesehen. Besonders von Frauen wird erwartet, sich »nett« zu verhalten. Ich möchte dich definitiv nicht ermutigen, deinen Zorn an anderen Menschen auszulassen. Erstens gehört er da nicht hin. Zweitens ist das eine Verschwendung deiner Lebenskraft. Mal zu schreien, Türen zu knallen, auf einen Boxsack einzudreschen ist gut, um kurzfristig Dampf abzulassen, doch es löst langfristig nicht dein Problem.
Sieh Wut nicht als eine negative Emotion, sondern als Welle vitaler Lebenskraft, die gegen eine innere oder äußere Barriere prallt. Wenn du oft frustriert oder wütend bist, ist es sehr wahrschein-

lich, dass dein inneres Meisterwerk in bestimmten Lebensbereichen nicht genug Raum zur Entfaltung bekommt.

Wo fühlst du dich ausgebremst?
Wo erlaubst du dir nicht, ausreichend Einfluss zu nehmen?
Wie würde es sich anfühlen, wenn du dieser Kraft mehr konstruktiven Raum zum Austoben gibst?
Stell dir vor, du hättest keine Angst vor Fehlern. In welchen Lebenssituationen würdest du dich sofort selbstbewusster und freier zeigen und einbringen?

Angst

Auch hier ist es wichtig, zwischen der gesunden Furcht zu unterscheiden, wenn wir uns in gefährliche Situationen (Zehnmeterturm, Dschungel) befinden, und der Angst, die wir empfinden, wenn wir unsere Komfortzone verlassen. Im letzteren Fall solltest du dich fragen: Hast du die Komfortzone in eine Richtung verlassen, die deiner Sehnsucht entspricht, oder hat dich jemand anderes in diese Richtung gezwungen/zu ihr überredet?
Wenn du dir zum Beispiel wünschst, als Sängerin erfolgreich zu sein, ist es eine gute Angst, wenn du das erste Mal auf der Bühne stehst. Sie mag nicht angenehm sein, aber sie gehört dazu. Dein System signalisiert dir: »Achtung, Achtung, wir haben die

uns vertraute Zone verlassen. Ab hier wissen wir nicht mehr, was geschieht.« Wir kommen später noch ausführlicher auf gewisse Ängste zu sprechen. Für jetzt gewöhne dich einfach an den Gedanken, dass sie dazugehört, wenn du dein inneres Meisterwerk entdecken willst. Denn das bedeutet, immer wieder neue Dinge auszuprobieren, ungesicherte Pfade einzuschlagen und dir vor Angst fast in die Hosen zu machen. Halleluja! Heiße die Angst als Erregung im Neuland willkommen.

Etwas anderes ist es allerdings, wenn du in Situationen landest, die du so gar nicht wolltest. Vielleicht schickt dich dein Chef auf die Bühne. Vielleicht stehst du nur auf dem Zehnmeterturm, weil dich deine Freunde herausgefordert haben. Ich bin nicht der Meinung, dass wir uns jeder Angst stellen müssen. Sie sollte möglichst auf dem von uns gewählten Pfad auf uns warten.

Bewunderung und Neid

Bewunderung und Neid können zwei wertvolle Indikatoren dafür sein, dass du in einem anderen Menschen etwas siehst, was in dir auf deine Entdeckung wartet. Leider gehen wir mit beiden Signalen oft ineffizient um. Wenn wir Bewunderung empfinden, tendieren wir dazu, den anderen auf einen Sockel zu heben und in all der Anbetung zu vergessen zu fragen, was dies mit uns zu tun hat. Neid ist für uns Deutsche ein heikles Thema. Dieses Gefühl gestehen wir uns nicht zu. Lieber machen wir das oder den, worauf wir neidisch sind, madig, anstatt zu erforschen: Was hat dieser Mensch, was wir auch wollen? Sowohl Neid als auch Bewunderung treten auf, wenn etwas in dir in Resonanz zu dem geht, was du siehst.

Was genau ist es?
Auf welchen Aspekt dieses Menschen bist du neidisch?
Für welche Qualitäten bewunderst du ihn?
Wie könntest du das selbst auf eine Weise in dein Leben integrieren, die deinem Naturell und deinen Werten entspricht?

Langeweile

Langeweile kenne ich schon viele Jahre nicht mehr. Doch ich kann mich an das Gefühl in meiner Kindheit erinnern. Es tritt meist dann auf, wenn dein inneres Meisterwerk nicht genug Stimulanz – zum Beispiel durch Wachstumsimpulse und kreative Herausforderungen – erhält. Unser Gehirn ist nicht dafür konzipiert, tagaus, tagein dasselbe zu denken. Hart ausgedrückt: Wir verblöden, wenn wir nicht ausreichend geistig gefordert werden. Mal Langeweile auszuhalten kann ganz gesund sein. Oft ergeben sich aus diesem kreativen Niemandsland spontan überraschende

Ideen. Tritt sie hingegen häufig auf, solltest du dich fragen:

In welchen Bereichen deines Lebens wirst du nicht ausreichend gefordert?
Welche neue, sinnvolle Herausforderung außerhalb deiner Komfortzone kannst du dir suchen?

Unser Meisterwerk braucht ausreichend Stimulanz, um sich zu zeigen!

DAS ULTIMATIVE ZEICHEN

Was macht unser Leben bloß so anstrengend?
Sind es wirklich die Dinge, die wir tun?
Oder ist es die Art, wie wir die Dinge tun?

Eines Tages fragte ich meinen spirituellen Lehrer Eli, woran ich denn erkennen würde, dass ich gerade authentisch bin. Er lächelte und sagte: »Immer wenn du wach UND entspannt bist, zeigt sich dein wahres Selbst.«
Immer wenn du aus deinem wahren Meisterwerk heraus lebst, wirst du dich wach UND entspannt erleben. Die Kombination macht es.
Bist du zwar entspannt, aber nicht wach, dann verpasst du die eigentlich sehr deutlichen Zeichen deines Meisterwerks.
Bist du wach, aber unentspannt, zeigt dies, dass du gerade gegen einen Aspekt deiner inneren Wahrheit kämpfst. Vielleicht wärst du eigentlich gerade unsicher und zart. Doch du glaubst, du solltest cool und draufgängerisch sein. Also machst du laute Witze, plusterst dich auf. Doch jeder, der genau hinschaut, spürt, dass du spielst. Und das ist immer mit Anstrengung verbunden.
Du kennst ab jetzt ein untrügliches Signal, ob du gerade wirklich deine wahrste Ebene lebst oder etwas drüberlegst:

Bist du entspannt, oder fühlst du dich angestrengt?

Deine wahre Natur zeigt sich, wenn du bereit bist, dem Leben wach zu begegnen und dabei locker zu bleiben.
Ich garantiere dir: So wirst du immer eine Überraschung für dich selbst bleiben.

Wenn du dich ab jetzt dabei ertappst, etwas verkrampft zu tun, kannst du dich fragen:

- Gegen was in mir kämpfe ich gerade?
- Gegen welches Gefühl?
- Gegen welchen Gedanken?
- Gegen welchen Impuls?
- Wie wäre ich jetzt, wenn ich mich komplett entspanne, und habe ich den Mut, dies auszuprobieren?

Stell dir vor, du würdest ab heute dem Leben in dir so vertrauen, dass du aufhörst zu kämpfen und dich in dich hinein entspannst ...
Und am Ende deines Lebens schaust du in den Spiegel und denkst: »Wow! Was für eine Überraschung! Wer hätte das gedacht?«

DIE VIER MAGISCHEN FRAGEN

Es gibt eine leichte Methode, wenn wir etwas über uns herausfinden wollen: Fragen stellen. Stell doch mal Fragen an dich selbst – um dir darüber klarzuwerden, was dich antreibt, was dir Freude macht, mit wem und wann du Großes schaffst. Hier möchte ich dir meine vier magischen Fragen vorstellen.

Nimm dir Zeit, sie in Ruhe zu lesen, und beantworte sie.

1. Was hast du gemacht? (»Ich bin gerannt. Ich habe gezimmert. Ich habe massiert. Ich war kreativ tätig.«)
2. Was waren die begleitenden Umstände? (Wer war dabei? Allein, mit deinen besten Freunden, viele Menschen? Was hast du benutzt? Was für Werkzeuge, Mittel, Methoden hast du verwendet? Laufschuhe, deinen Körper, Werkzeug, deine Stimme, Technik, einen Computer ...)
3. Was hast du in dieser Geschichte erreicht, bewirkt, erschaffen, gelöst? (»Ich habe einen Rekord gebrochen. Ich habe mir und anderen bewiesen, wozu Menschen fähig sind. Ich habe einen anderen Menschen getröstet. Ich habe ein Kunstwerk erschaffen.«)
4. Welchem höheren Sinn diente es?

Wie kannst du diese Fragen nun nutzen? Ganz einfach. Jedes Mal wenn du einen erfüllten, freudvollen Moment erfährst, lebst du gerade eine Facette deines Meisterwerks. Meist lassen wir solche Augenblicke einfach an uns vorüberstreichen. Doch mit Hilfe der Fragen kannst du näher beleuchten, was genau dich an der Situation so glücklich gemacht hat. Das, was du getan hast? Besondere Umstände? Was du erreicht hast oder der tiefere Sinn? Je klarer du dies siehst, desto eher kannst du dafür sorgen, dass du solche Momente häufiger und länger erlebst.

DIE ERNTE EINES TAGES

Wie viele Stunden bist du jeden Tag wach?
Sagen wir ungefähr 16.
Stell dir vor, du würdest ab heute diese 16 Stunden täglich als einen einzigen unbezahlbar wertvollen Selbsterfahrungsworkshop sehen. Jeder Tag wäre gespickt mit unzähligen simplen und manchmal spektakulären Chancen, dich selbst zu erkennen.
Was könntest du alles über dich erfahren, wenn du die Ernte eines jeden Tages bewusst einfahren würdest?
Wer wärst du, wenn du dies einmal konsequent 365 Tage hintereinander tätest?
Wie das geht? Ganz einfach.
Eröffne jeden Morgen deine Selbsterfahrungsschule mit einem einfachen Gebet.
Zum Beispiel: »Leben, bitte zeige mir heute, wer ich als Ehefrau wirklich bin, wenn ich mal so richtig loslasse.«
Oder: »Bitte lass mich heute auf der Arbeit etwas über meine wahren Stärken erfahren.«
Schreib dir deinen Wunsch auf und lies ihn dir mittags zur Erinnerung noch einmal durch.
Investiere dann am Abend zehn Minuten, um deine geistige Erkenntnisernte einzufahren.
Dabei helfen dir die folgenden Fragen, während du den Tag Revue passieren lässt.

Wo hat mir das Leben heute bezüglich meines Wunschs einen Hinweis, eine Lektion geschenkt?
Wann habe ich mich heute nicht in meiner Kraft, sondern ausgebremst, unglücklich gefühlt? Was hat nicht gestimmt? An den Umständen? An dem, wie ich gehandelt habe?
Wie könnte ich das morgen korrigieren?
Wann habe ich heute eine einfache, natürliche Freude bzw. mich sehr in meiner Kraft gefühlt? Was war der Auslöser?
Die Umstände? Was ich getan habe? Was ich damit bewirkt habe?
Wie könnte ich das morgen wiederholen oder sogar verstärken?

ERFOLGSWERK TIPP

Du findest im Leserbereich den Vordruck für einen Fragebogen, den du abends nutzen kannst, um die maximalen Erkenntnisse aus deinem Tag zu ziehen. Außerdem empfehlen wir dir den Tageskalender »Mein Manifest«, der dich einlädt, einmal 100 Tage lang deine Berufung sehr genau zu erforschen. Ich stelle ihn dir im Leserbereich ausführlich vor.

FREI DENKEN

Wenn du dich daranmachst, dein inneres Meisterwerk zu entfalten, musst du dich zuerst von begrenzenden Gedanken befreien.

Wir waren alle einmal kleine, liebenswürdige, freidenkende Genies. Wir haben uns nicht darum geschert, was möglich ist und was nicht. Wir haben an unsere Träume geglaubt. Wir haben instinktiv gewusst, dass es uns zusteht, große Träume zu haben und sie Wirklichkeit werden zu lassen.

Dann wurden wir dazu erzogen, in vorgegebenen Grenzen zu denken. Wir haben Glaubenssätze darüber angenommen, wer wir sind, was wir können und was uns zusteht. Anstatt uns darauf zu konzentrieren, was wir wirklich wollen, haben wir begonnen, uns zu fragen: »Was sollte ich tun? Was darf ich tun? Was ist für mich drin?«

Dein größter Widersacher im Verwirklichen deines Meisterwerks ist nicht die Gesellschaft, es sind auch nicht deine verständnislosen Mitmenschen. Es ist dein eigener Geist. Nicht die »anderen« halten dich von deinen Träumen ab. Du bist dein eigener Gefängniswärter geworden.

Deine eigenen Gedanken halten dich tagtäglich in einem schmalen Realitätstunnel gefangen und blenden alles aus, woran du nicht mehr glaubst.

Um herauszufinden, was tatsächlich in dir steckt, ist es bedeutsam, großes und freies Denken zu trainieren. Es gibt einen wesentlichen Unterschied zwischen großkotzigem und großem Denken. Großkotzig denken Menschen mit einem geringen Selbstwert. Sie überdecken mit lauten, scheinbar selbstbewussten Ideen ihren nagenden Selbstzweifel. Vielleicht beeindrucken sie dich zuerst. Doch wenn du sie eine Weile beobachtest, siehst du durch die schillernde Fata Morgana, und dahinter ist meistens ... nichts.

Auf der anderen Seite kannst du große und visionäre Gedanken denken und gleichzeitig demütig und bodenständig bleiben. Du kannst nüchtern deine derzeitigen Begrenzungen wahrnehmen und gleichzeitig wissen, dass sie nicht das Ende der Fahnenstange bedeuten.

Großes Denken heißt, außerhalb der von dir selbst oder anderen vorgegebenen Überzeugungsboxen zu denken.

Eine solche Box ist zwar unsichtbar, doch du erkennst sie an gedanklichen Formulierungen wie: »Ich darf nicht ... ich kann nicht ... das geht nicht ... ich sollte nicht ...«

Das Meisterwerk deines Lebens passt in keine Box. Es hält sich nicht an Regeln. Wie auch. Es ist ein Unikat.

Du kannst es nur voll erkennen, wenn du ihm erlaubst, sich vollständig zu entfalten.

Das tust du, indem du dir gestattest, in jede Richtung frei zu denken.
Denke ab jetzt jeden Tag sehr bewusst und genussvoll mindestens einen Gedanken über dich, der dir noch etwas verrückt oder unrealistisch vorkommt.
Wenn du keine Angst vor Fehlern oder Ablehnung hättest, wie wärst du gern?
Was würdest du gern einmal ausprobieren?
In welche Richtung würdest du gern deine Fähigkeiten erproben?

BEISPIELE

Ich bin bereit für einen Job, bei dem ich für das bezahlt werde, was ich wirklich liebe.
Ich werde heilen.
Ich werde Menschen zum Lachen bringen.
Das Leben möchte, dass ich glücklich bin.
Wenn ich mich frei ausdrücke, nütze ich allen am meisten.
Ich darf einfach ich sein.

DIE VISION DEINES MEISTERWERKS

Meiner Erfahrung nach werden viele Menschen beim visionären Träumen blockiert durch den uns allen antrainierten Erwartungsdruck, für alles immer sofort eine genaue Lösung wissen zu müssen. Als ich vor fast 30 Jahren mein Medizinstudium abbrach, lautete die schlimmste Frage, die mir gestellt werden konnte (und ich hörte sie sehr oft!): »Und was genau willst du denn jetzt machen?« Denn das wusste ich ja eben nicht!

Ich wusste, was ich nicht wollte. Den mir von anderen vorgeschlagenen Weg weitergehen. Doch in mir gab es ein Riesenfragezeichen bezüglich meines wahren Pfades. Ich setzte mich gewaltig unter Druck, sofort eine konkrete Alternative zu wissen. Doch so spricht die Seele nicht mit uns. Sie hält sich nicht an unsere Zeitpläne. Sie gleicht einer zarten, wählerischen Geliebten. Sie möchte Raum. Raum in Zeit. Aber auch Raum in Worten und Bildern.

Ich begann damals, meine Seele in Meditationen zu fragen, was sie sich von mir wünscht.

Ihre ersten Antworten kamen nicht als eindeutige Berufsbezeichnungen oder fertige To-do-Listen. Sie glichen eher Traumgemälden, voller Andeutungen und Symbole. Ich sah mich an einem weißen Strand, mit Blick auf den weiten, stillen Oze-

an, eine große Gruppe von Menschen etwas über die Kunst des Lebens lehren. Wenn du mein Leben damals gekannt hättest (Sozialhilfe, Einzimmerwohnung, Möbel vom Sperrmüll ...), hättest du verstanden, warum mich diese Bilder erst einmal ratlos machten. Doch ich konnte und wollte nicht mehr zurück. Ich musste MICH finden. Also tauchte ich wieder und wieder in meine inneren Welten ein, lernte den Visionen Raum zu geben, mich von ihnen weniger rational als vielmehr emotional-energetisch führen zu lassen.
Natürlich fand ich später auch Lehrer und Methoden, die mir halfen, die Ahnungen in die konkrete Form hinein zu manifestieren. Doch wenn du mich fragst, sollten wir alle erst einmal wieder richtig träumen lernen.
Dafür brauchst du keine Drogen.

Hier einige vielversprechende Methoden, um dich für den Zugang zu deiner Seele zu öffnen:

- freies Schreiben
- freies Malen
- freies Tanzen
- Trance-Tanz
- stille Meditation
- geführte Meditation

Ich empfehle dir, all diese Wege nach innen auszuprobieren und dich dann für deinen Lieblingszugang zu entscheiden. Wichtig ist, die Geschenke der Reise zu ehren, selbst wenn du sie nicht sofort verstehst.

Manchmal wirst du klare Anweisungen erhalten (»Sprich mit ...«; »Gehe in die Buchhandlung und hole dir das Buch ...«), dann wieder Bilder, Gefühle oder Fragen auslösen. Schreibe alles auf. In dein Tagebuch. Oder auf dein Vision Board. Lass daraus eine bunte Vision deines Meisterwerks entstehen.

Eine solche Vision ist kein fertiger Aktionsplan, sondern eine lebendige, multidimensionale Ahnung – gewebt aus Bildern, Klängen und Gefühlen. Sie stimuliert dein gesamtes Wesen, denn sie steht in tiefer Resonanz mit der nächsten Stufe deiner Evolution – die darauf wartet, von dir gelebt zu werden. Sie wirkt stark anziehend, denn sie reflektiert eine innere Wahrheit. Sie erzählt dir etwas über deine Bestimmung, eine freiere Version deines Selbst. Eine Vision kann spektakulär sein, muss sie aber nicht. Vielleicht berühren dich stille, einfache Bilder viel mehr. Es geht nicht darum, sie sofort zu verstehen, sondern ihr Raum zu geben – dich von ihren Bildern berühren zu lassen. Eine Vision ist wie ein Lied deiner Seele. Sie beschreibt, wer du sein kannst, wenn du dem Ruf folgst. Sie kann dich zu unglaublichen Leis-

tungen anspornen und befähigen, Berge zu versetzen.
Du musst nicht alles sofort bewusst erfassen. Es muss nicht alles sofort Sinn ergeben. Sammle erst einmal alle Impulse. Vertraue die Vision deinem Unterbewusstsein an, indem du sie wieder und wieder voller Neugier betrachtest. Es erfasst in der Tiefe alles für dich. Es nimmt dein Gebet (»Ich bin bereit, mein Meisterwerk klar zu empfangen und kraftvoll zu verwirklichen. Zeig mir den Weg.«) als Auftrag an. Im entscheidenden Moment wird dein Unterbewusstsein die richtigen Impulse an die Oberfläche deines Bewusstseins heben.
Ich hoffe, ich konnte dir Lust machen, wieder richtig groß, frei, verrückend und kühn zu denken. Denn wenn du den großen Wurf für dein Leben nicht für möglich hältst, wer dann?

ERFOLGSWERK TIPP

Geh in den Leserbereich. Dort findest du die geführte Meditation »Der Berg deiner Seele«. Sie lädt dich dazu ein, direkt mit deinem Unterbewusstsein zu kommunizieren und eine starke Vision deiner Möglichkeiten zu empfangen.

DEIN CREDO

In manchen afrikanischen und nordamerikanischen Stammesvölkern gibt es die Legende vom Seelenlied. Diese Menschen gehen davon aus, dass jeder von uns mit einem Lied geboren wird, was nur ihm gehört. Ich glaube auch, dass wir alle eine nicht austauschbare Essenz in uns tragen. Die Frage ist: Entdecken und leben wir sie auch?
Es kann wie ein kraftvoller Weckruf wirken, wenn du diese Essenz in deinem Credo in Worten formulierst.
Credo kommt aus dem Lateinischen und bedeutet übersetzt so viel wie »Ich glaube!«. Im religiösen Kontext steht es für ein Glaubensbekenntnis. Für mich ist es der verbale Ausdruck deiner Essenz. Dein Credo ist die zentrale Aussage deines Lebens, quasi das Parfum deines Meisterwerks.

Wie ein echtes Parfum setzt es sich aus mehreren Zutaten zusammen:

- Was ist die EINE Botschaft deines Lebens, die sich in all deinen Jobs und Beziehungen widerspiegeln soll?
- Mit welchen drei Hauptqualitäten sollen dich die Menschen assoziieren, die mit dir in Berührung kamen?

- Welchen Unterschied möchtest du am Ende deines Lebens bewirkt haben?

Die folgenden Fragen in den Parts 1 bis 4 helfen dir dabei, dein ganz persönliches Credo zu finden und festzulegen. Anders gesagt: Mit ihrer Hilfe kreierst du dein ganz individuelles Parfum.

Part 1. Deine Kernbotschaft

Stell dir vor, du bist ein Botschafter des Lebens. Dein gesamtes Leben, Wirken und Tun steht für die Botschaft, die du in die Welt bringen sollst. Sie lautet:

____

____

____

Part 2. Deine drei essenziellen Qualitäten

Welche drei Qualitäten soll mein Leben ausstrahlen? (Hier geht es weniger darum, welche Qualitäten du bereits lebst, als vielmehr um jene, die du gern leben möchtest.)

Stell dir deine Beerdigung nach einem freien und starken Leben vor. Einer deiner liebsten Menschen hält eine Rede. Er erwähnt deine drei bekanntesten Eigenschaften. Die anderen Anwesenden nicken zustimmend, denn sie sehen dies auch so. Welche drei Qualitäten soll er erwähnen?

Welche sind deine drei Qualitäten, die du am stärksten zum Ausdruck bringen möchtest?
Sende eine E-Mail an mindestens zehn gute Bekannte (privat/beruflich) oder rufe sie an. Frage sie: »Welche drei hervorstechendsten Qualitäten assoziiert du mit mir?« Bitte sie, wirklich ehrlich zu sein.

Schreibe drei bis zehn Vorbilder untereinander (lebend oder tot). Notiere rechts daneben die drei Qualitäten, die du in diesen Menschen siehst:

Vorbild	Qualitäten, die ich mit dieser Person assoziiere:
______________________	______________________
______________________	______________________
______________________	______________________
______________________	______________________
______________________	______________________
______________________	______________________
______________________	______________________
______________________	______________________
______________________	______________________
______________________	______________________

Schau dir die Liste noch einmal an. Häufen sich bestimmte Qualitäten? Berühren dich bestimmte Qualitäten besonders? Was hat das mit dir zu tun? Notiere alles, was dir zu deiner Vorbilder-Liste auffällt, hier.

Wähle nun aus, welche drei Qualitäten du in den Mittelpunkt deines Lebens stellen möchtest:

Part 3. Dein Unterschied

Hier geht es darum, welches Geschenk du der Welt machen kannst.

Stell dir vor, du bist hier, um in dieser Welt etwas zu verändern, zu verbessern, zu heilen, zu verschönern. Vielleicht etwas sehr Kleines. Vielleicht auch etwas sehr Großes. Welchen Unterschied möchtest du gern bewirken?

____

____

____

Stell dir vor, dein Leben verläuft optimal und du verwirklichst dich. Du findest Unterstützung für dein Anliegen. Was könnte auf deinem Grabstein stehen? Vervollständige den Satz: »Er/sie schenkte der Welt ...«:

____

____

____

Stell dir vor, in einer deiner Lieblingszeitungen erscheint ein Artikel über dein Lebenswerk. Wie soll die Überschrift lauten und worum soll es in dem Artikel gehen?

Schreibe drei bis zehn Vorbilder untereinander (lebend oder tot). Notiere rechts daneben einen positiven Unterschied, den dieser Mensch in der Welt vollbracht hat:

Vorbild	Dieser Mensch hat der Welt gebracht:

Schau dir die Liste noch einmal an. Was hat das jeweilige Lebenswerk dieser Menschen mit dir zu tun? Was sagt das über dich aus? Notiere alles, was dir einfällt.

Formuliere jetzt noch einmal den bedeutsamsten Unterschied, den du machen willst, in einem Satz:

Part 4. Alles zusammen

Nun vermenge alle drei Zutaten zu deinem Credo. Die Botschaft deines Lebens, deine Qualitäten im Außen und die Wirkung, die dein Leben gehabt haben soll, wenn es einmal zu Ende geht. Formuliere dein Credo in maximal drei Sätzen. Verwende Worte, die dich emotional berühren.

Wenn du die passende Formulierung gefunden hast, schreibe dein Credo auf ein Blatt Papier und hänge es über dein Bett oder deinen Schreibtisch. Lass dich jeden Tag von Neuem davon berühren und öffnen.

BEISPIEL

Credo eines meiner Freunde: »Die Botschaft meines Lebens lautet: Alle Menschen sind Geschwister. Ich lebe Liebe, Mitgefühl und Humor. Ich schenke der Welt die Erinnerung an die Liebe, die in jedem von uns schlummert.«

Du siehst, dieses Credo sagt noch gar nichts darüber aus, welchen Job mein Freund hat. (Er ist Arzt.) Dafür berührt es ihn wesentlich stärker als eine Arbeitsbezeichnung. Er nutzt es nicht nur im Krankenhaus, sondern auch am Frühstückstisch mit seiner Familie oder in der U-Bahn als Erinnerung. Denn sein Meisterwerk lebt immer in ihm.

WAS BEGEISTERT DICH?

Steve Jobs meinte einmal, dass man immer hungrig bleiben solle und ein wenig verrückt.
Ist dir schon einmal aufgefallen, dass du nicht wirklich beeinflussen kannst, wofür du dich aufrichtig begeisterst? Da sind jene Themen und Tätigkeiten, die langweilen dich, selbst wenn dir die Höflichkeit gebietet, es nicht zuzugeben. Und kein Geld oder Druck dieser Welt kann daran etwas ändern.
Dann gibt es Dinge, sobald die angesprochen werden oder du sie ausüben darfst, bist du hellwach. Du brennst dafür. Voller Enthusiasmus!

Enthusiasmus ist etwas Wundervolles. Der Begriff kommt aus dem Griechischen und bezeichnete ursprünglich die Inspiration durch göttliche Eingebung. Heute meint man damit in erster Linie große Begeisterung und Freude, auch Interesse an einer oder extremes Engagement für eine Sache. In jedem Fall ist Enthusiasmus nichts Durchschnittliches, ganz im Gegenteil!
Wir sind von Dingen begeistert, die unseren Geist entzünden. Ich nenne diese Dinge deine Passions, denn hier geht es um etwas Tieferes als Freude. Themen, die dich begeistern, nähren deine Seele. Deine Passions sind jene Dinge, die du voller Lei-

denschaft, ja im besten Sinne zwanghaft tun musst, weil dich die Beschäftigung damit stark beseelt. Du kannst gar nicht anders.
Deine Passions weisen dir den Weg zu deinem Meisterwerk, und auf den nachfolgenden Seiten möchte ich dir helfen, deinen ganz persönlichen Passions auf die Spur zu kommen.
Lass uns gemeinsam herausfinden, was deinen Geist entzündet! Beantworte dazu erst einmal folgende Fragen:

Womit beschäftigst du dich freiwillig und voller Enthusiasmus?
Wobei vergisst du die Zeit?
Worin entwickelst du dich leidenschaftlich gern weiter, weil es sich einfach so gut anfühlt?

Deine Passions sind aus mehreren Gründen sehr wichtig für dich:

- Deine Passions sind Hinweise. Jedes Mal, wenn du eine tiefe, erfüllende Begeisterung empfindest, tust du gerade etwas, das deinem natürlichen Meisterwerk entspricht.
- Deine Passions bewirken, dass du dich gut fühlst. Sie machen dich glücklich.
- Deine Passions sind Medizin und Umweltschutz. Je öfter und länger du deine Passions lebst, desto gesünder bist du und desto mehr

Zufriedenheit kannst du auch mit deiner Umgebung teilen.

- Deine Passions lassen dich ausdauernder lernen. Du musst in diesen Bereichen nicht gezwungen werden, dich weiterzuentwickeln. Du machst es freiwillig. Deshalb wirst du langfristig nur in deinen Passions so richtig, richtig gut werden. Nur in dem, was dich begeistert, wirst du Exzellenz entwickeln.
- Deine Passions fördern dein Optimum. Je mehr du deine Passions in deiner Arbeit leben kannst, desto mehr wirst du dich ohne übertriebene Anstrengung deinem Leistungsoptimum nähern. Deine Passions kitzeln etwas aus dir heraus, das man nicht bezahlen oder erzwingen kann.
- Deine Passions machen dich für Erfolg attraktiv. Menschen spüren im Umgang mit dir, dass sie gerade etwas bekommen, das sie nicht bezahlen können. Sie spüren dein inneres Leuchtfeuer! Das berührt und verbindet emotional. Sie werden gern zu dir zurückkommen.
- Ein begeisterter Mensch ist eine starke Inspirationsquelle. Du ermutigst andere Menschen durch dein lebendiges Beispiel, selbst begeisterter zu arbeiten.

Wie findest du deine Passions?

Wann immer du etwas mit Begeisterung, also mit GEIST ausübst, wurde eine deiner Passions in Schwingung versetzt. Also brauchst du dich nur zu beobachten, und wenn du etwas begeistert tust, fragst du dich genau in der Situation:
»Was habe ich gerade gemacht?«
Schau dir diese bestimmte Situation im Nachhinein genau an. Vier Aspekte können deine Passions auslösen. Du findest sie in den vier magischen Fragen wieder.
Das, was du **in dieser Situation konkret getan hast**, kann dich begeistert haben: »Ich habe gekocht. Ich habe programmiert. Ich habe Sport getrieben.«
Die **Umstände der Situation** können dich begeistert haben: »Es war auf einer großen Bühne. Es war an der freien Luft. Es war gemeinsam mit guten Freunden.«
Das, was du **mit deinem Tun bewirkt hast**, kann dich begeistert haben: »Ich habe ein Problem gelöst. Ich habe anderen Menschen geholfen. Ich habe etwas erbaut.«
Das, was **dich mit Sinn erfüllt hat**, kann eine stille tiefe Begeisterung in dir ausgelöst haben.
Du kommst deinen Passions auf die Spur, indem du dich jedes Mal, wenn du etwas begeistert tust, fragst, was dich daran konkret begeistert. Welcher Aspekt hat deinen Geist entzündet, oder waren es sogar alle vier?

War es, was ich gemacht habe?
Waren es die Umstände?
War es, was ich bewirkt habe?
War es der tiefere Sinn dieser Sache?

Das Leben hat deinen Ruf schon immer erklingen lassen. Es hat dich durch Begeisterung in die Richtung deines natürlichen Meisterwerks gelockt. Es gibt keine faulen Menschen. Nur Menschen, die nicht mehr wissen und spüren, was ihre wahren Passions sind. Leider ist vielen von uns die Begeisterung regelrecht ausgetrieben worden. Wir können unsere Passions aber wieder neu entdecken. Das ist eine wunderschöne Detektivarbeit.

Du kannst deine Vergangenheit nach Erinnerungen durchforsten, in denen du begeistert warst. Außerdem kannst du dich in deinem Alltag sensibilisieren, indem du beginnst, auch nach den leisesten Freuden zu schauen und zu fragen: Was genau hat mir gerade daran Freude bereitet?

Ich empfehle dir, ab heute alles aufzuschreiben, was dich begeistert und dir Freude schenkt.

Bist du bereit?

Entzünde deinen GEIST,
indem du deinen Passions folgst.

Um noch genauer herauszufinden, was dich antreibt, beantworte auch die folgenden Fragen auf einem separaten Blatt Papier.

- Stell dir vor, du hättest 20 Millionen Euro geerbt. Würdest dich dann vielleicht erst einmal ein ganzes Jahr lang ausruhen. Du müsstest auch danach nie wieder für Geld arbeiten. Was würdest du dennoch liebend gern weiterhin tun?
- Auf welchen Gebieten hast du schon immer freiwillig und freudvoll dazugelernt, hast dich nicht durch Fehler abschrecken lassen, sondern hast dich gern und kontinuierlich weiterentwickelt?
- Was bringt dich zum Lächeln, wann immer du daran denkst?
- Wobei vergisst du die Zeit?
- Stell dir vor, du könntest alle ungeliebten Aspekte deines Jobs aufgeben und nur noch das machen, worauf du Lust hättest, wie würde deine Arbeit dann aussehen?
- Bei welchen Handlungen, Situationen hast du danach mehr Energie als davor?
- Frage deine Eltern und andere Menschen aus deiner Verwandtschaft: Was hast du als Kind schon gern gemocht?
- Frage deine aktuellen Freunde: Wann sehen sie dich begeistert? Wann leuchten deine Augen?

- Wobei vergisst du, ob du dafür bezahlt wirst? Was macht dir so viel Spaß, dass du dir nicht vorstellen kannst, dafür Geld zu nehmen?
- Was gibt dir Kraft, wann immer du es tust? Welche Umstände, Herausforderungen oder Tätigkeiten elektrisieren dich?

DEINE STÄRKEN

Eine weitere Möglichkeit, deinem Meisterwerk auf die Spur zu kommen, sind deine Stärken.
Hinter Passions steht die Frage: Wofür brennst du?
Hinter Stärken: Worin bist du wirklich gut?
Natürlich kann es dabei Überschneidungen geben, aber nicht zwangsläufig.
Ich kann zum Beispiel gut rechnen. Das ist eine Stärke. Doch ich brenne nicht dafür.
Ich brenne allerdings dafür, gute, sinnerfüllte Unternehmen erfolgreich zu machen. Dafür nutze ich auch gern meine Stärke des Rechnens.
In der Schule sind die meisten von uns zu Allroundern erzogen worden. Wir wurden in allen Schulfächern gleich gefordert und benotet. Das hinterlässt Spuren. Auch heute beobachte ich bei vielen meiner Klienten, dass sie in allem gut sein wollen. Untersuchungen zeigen jedoch, dass jene Menschen am glücklichsten und erfolgreich sind, die ihre Stärken gut kennen, sich auf sie konzentrieren und für ihre Schwächen Kooperationen mit anderen eingehen, die gerade dort ihre Stärken haben.
Die Natur macht es uns vor.
Ein Löwenzahn versucht nicht, eine Lilie zu kopieren.
Eine Leberzelle geht nicht mit einer Nervenzelle in Konkurrenz. Sie arbeiten zusammen.

Einer der meiner Meinung nach verheerendsten Irrtümer der psychospirituellen Szene ist der Mythos, jeder könne alles werden. Das ist nicht nur falsch, es schickt sehr viele Gutgläubige mit überzogenen Erwartungen auf ihren Selbstverwirklichungsweg und sorgt zwangsläufig für Enttäuschungen. Ganz sicher können wir alle noch viel mehr erreichen, als wir bisher glauben. Aber eben nicht in jeder Richtung.

Entwicklungspsychologie und Gehirnforschung gehen mittlerweile davon aus, dass viele unserer Stärken genetisch bedingt sind bzw. in frühen Entwicklungsphasen angelegt wurden. Eine Stärke entsteht durch die besondere Art, wie dein gesamter Organismus und besonders dein Gehirn die Informationen und Reize des Lebens verarbeitet. Ein künstlerisch veranlagter Mensch verarbeitet die Welt anders als ein analytisch-durchstrukturierter Mathematiker. Keiner ist besser. Doch stell dir mal vor, die beiden würden jeweils Leinwand gegen Zahlen tauschen. Ein Mensch lebt wesentlich glücklicher, wenn er sich seiner »Schwächen« zwar bewusst ist, sich jedoch viel stärker auf das Umsetzen seiner Stärken konzentriert. Hier werden wir Höchstleistungen, innere Erfüllung und den Flow erfahren. Hier werden wir die meiste positive Aufmerksamkeit von anderen Menschen erhalten – denn jedes Mal, wenn du im Beisein anderer Menschen deine Stärke

lebst, werden sie dich deutlicher sehen und beachten.
Wie findest du heraus, was deine Stärken sind?

Dafür stehen dir vier Informationsquellen zur Verfügung:

- deine Eigenwahrnehmung,
- das Feedback der Menschen, die dich gut kennen,
- deine Vergangenheit und
- fundierte Tests.

Deine Eigenwahrnehmung

Was siehst du als echte Stärken von dir an? Liste mindestens zehn auf:

____

____

____

____

____

Welche Probleme/Herausforderungen löst du gut?

Da Stärken effiziente Prozesse in deinem Gehirn sind, benutzt du sie wahrscheinlich als eine Art Standardantwort auf verschiedene Situationen. Wie löst du Probleme? Wie reagierst du in überraschenden Situationen? Wie gehst du auf fremde Menschen zu?

Das Feedback der anderen

Menschen reagieren intensiver auf dich, wenn du deine Stärken lebst. Dann bist du sichtbarer.

Wann bekommst du von deinen Mitmenschen positives Feedback in Form von Aufmerksamkeit, Begeisterung, Lob ...?

Frage fünf bis zehn Menschen, die dich gut kennen, worin sie deine Stärken sehen.

Deine Vergangenheit

Es gibt noch einen wichtigen Zeugen, den du nach deinen Passions befragen kannst – deine Vergangenheit. Die Momente, in denen du deine Stärken voll gelebt hast (und sehr wahrscheinlich auch deine Passions), sind Momente, die dir meistens eindrücklich in Erinnerung geblieben sind. Ich möchte dir eine Übung empfehlen, die, in abgewandelter Form, aus dem Arbeitsbuch »Durchstarten zum Traumjob« von Richard Nelson Bolles stammt.

Übung

Du nimmst ein leeres Blatt Papier – quer. Am besten mindestens A3, wenn nicht sogar A2. Du zeichnest einen Zeitstrahl ein. Er beginnt bei deiner Geburt und endet heute. Dann teilst du den Zeitstrahl in Fünfjahresabschnitte ein. Wenn du 40 Jahre alt bist, hast du also acht Abschnitte. Nun nimmst du dir jeden Fünfjahresabschnitt vor, tunst dich ein, überlegst dir, wer du damals warst, wo du gelebt hast, was du gemacht hast, und suchst nach besonders eindrücklichen Lebensmomenten, in denen du dich in voller Kraft erlebt hast.
Lass dir Zeit beim Suchen. Vielleicht besitzt du Fotos aus dieser Zeit, die deine Erinnerungen anregen. Für manchen Abschnitt findest du vielleicht

gar keine Erinnerungen, dafür in anderen gleich mehrere. Das können private, persönliche Momente sein sowie öffentliche, berufliche. Allein oder mit anderen Menschen. Schöne Augenblicke, aber auch Krisen, in denen du deine Kräfte voll mobilisiert hast. Es sollten auf jeden Fall Momente sein, in denen du dich stimmig, in deiner Spur, in deiner Kraft gefühlt hast.
Wenn du so einen Moment findest, markiere ihn ungefähr an der passenden Stelle des Zeitstrahls und schreibe eine kurze Beschreibung daneben. Der Zeitstrahl könnte so aussehen:

Hier einige Beispiele für eindrückliche Lebensmomente:

- Gedicht vor der ganzen Schule vorgetragen
- Marathon gewonnen
- nach der Scheidung mein Business ganz allein aufgebaut
- mein erstes Buch veröffentlicht
- nach dem Unfall wieder gehen gelernt

Dann beginnt etwas Fleißarbeit, aber glaube mir, sie lohnt sich. Denn deine eigene Geschichte verrät alles über dich. Nimm dir nun für jedes dieser Ereignisse ein eigenes Blatt. Beschreibe in fünf bis zehn Sätzen, was du während des Ereignisses gemacht hast. Halte dir dabei einen breiten rechten Rand frei. Nun lies dir jede einzelne Geschichte noch einmal durch und suche nach den zentralen Elementen des Erlebnisses.

Es geht dabei um drei Perspektiven auf das Geschehnis:

1. Was hast du gemacht? (»Ich bin gerannt. Ich habe gezimmert. Ich habe massiert. Ich war kreativ tätig.«)
2. Was waren die begleitenden Umstände? (Wer war dabei? Allein, mit deinen besten Freunden, viele Menschen? Was hast du benutzt? Was für Werkzeuge, Mittel, Methoden hast du verwendet? Laufschuhe, deinen Körper, Werkzeug, deine Stimme, Technik, einen Computer ...)
3. Was hast du in dieser Geschichte erreicht, bewirkt, erschaffen, gelöst? (»Ich habe einen Rekord gebrochen. Ich habe mir und anderen bewiesen, wozu Menschen fähig sind. Ich habe einen anderen Menschen getröstet. Ich habe ein Kunstwerk erschaffen.«)

Jedes Mal, wenn du eines dieser Elemente wahrnehmen kannst (WAS hast du gemacht? Was waren die UMSTÄNDE? Was hast du BEWIRKT?), schreibst du es an den rechten Rand. Du suchst nach wiederkehrenden Mustern.

- In Krisen sorge ich für Frieden.
- Ich bringe Ordnung ins Chaos.
- Ich bin gut darin, scheinbar unlösbare Probleme zu lösen.
- Immer wenn ich alleine bin.
- Immer wenn ich vor einer großen Menge Menschen wirken darf.
- Wenn ich etwas mit meinem Körper tun kann.
- Ich heile. Ich ermutige. Ich verbinde etc.

Es ist wichtig, dass du mehrere Geschichten (optimal sind zehn) auswählst, um die gemeinsamen Muster aufzudecken. Das kann eine Menge Spaß machen. Sprich auch mit guten Freunden darüber. Lass sie draufschauen und frage sie, welche Stärken sie erkennen. Ich bin mir sicher, du wirst einige Überraschungen erleben. Entdecke ein wunderbares Geheimnis: Dein Meisterwerk war immer schon da. Direkt vor deiner Nase.

WAS BEWEGT DICH?

Ich möchte neben deinen Passions und Stärken noch ein weiteres bedeutsames Element deines Meisterwerks ansprechen. Denn vielleicht kennst du Menschen, die um ihre Stärken wissen oder über eine schillernde Vision verfügen, aber dennoch nicht ihren A... hochkriegen.

Wie kann das sein?

Sind sie faul?

Zu ängstlich?

Leiden sie an inneren Blockaden?

Nein.

Ich will nicht abstreiten, dass es diese Phänomene gibt. Vielleicht bist du sogar bequem. Vielleicht fürchtest du dich tatsächlich. Vielleicht haben alte Überzeugungen und Erfahrungen innere Hemmschwellen in dir errichtet. Doch nichts davon kann dich auf Dauer davon abhalten, dich in Bewegung zu setzen, wenn du in Kontakt mit deinen inneren Motivatoren bist.

Ein Motivator? Was ist das?

Vereinfacht gesagt: der Grund, für den sich dein System wirklich in Bewegung setzt.

Der springende Punkt: Diesen Grund kannst du dir nicht beliebig ausdenken. Er ist bereits in dir angelegt. Wenn du mehrere Kinder hast, ist dir vielleicht schon einmal aufgefallen, dass sie nicht zwangsläufig durch dieselben Argumente motiviert werden können. Das gilt auch für die Angestellten in deinem Unternehmen. Nicht jeder von ihnen fährt auf eine Gehaltserhöhung ab. Manchen kannst du noch so viel mehr Geld bieten, sie zucken nicht. Dann bietest du ihnen mehr Einflussmöglichkeit, und plötzlich sind sie hellwach! Du hast bestimmt schon Situationen erlebt, in denen du versucht hast, dich zu motivieren, aber der Motor sprang einfach nicht an. Und dann ... plötzlich ... wie aus heiterem Himmel ... bist du nicht mehr zu stoppen! Deine Motivatoren sind die inneren Motivationskräfte, die dich wirklich antreiben.

Welche Motivation
lockt dich hinter dem Ofen vor,
macht dich wach,
richtet dich auf,
lässt dich voller Lust deine Arbeit machen,
dich eine Beziehung eingehen?

Es gibt prinzipiell sieben Kanäle, über die Menschen motivierbar sind.[1] Man geht davon aus, dass

1 Die Motivatoren, wie ich sie dir vorstelle, gehen auf die Arbeiten von Eduard Spranger und Gordon Allport sowie ihre Erforschung der menschlichen Antriebe zurück. Auf www.erfolgswerk.tips findest du mehr Infos zu den IMX-Persönlichkeitstests.

diese Antriebe auch zum Teil genetisch bestimmt sowie durch frühe Entwicklungsphasen stark geprägt werden. Dennoch können sie sich im Laufe der Zeit verändern – meist dann, sobald wir in neue Lebensphasen eintreten. Wenn du verstehen willst, wann und wie du zu Höchstleistungen fähig bist und warum du manchmal nicht zu bewegen bist, obwohl du doch eigentlich das bewusst richtige Ziel verfolgst, finde heraus, welche deine stärksten Motivatoren sind.

Hier sind die sieben im Kurzüberblick:

- **ästhetische Motivation** – der Antrieb zu Ausgeglichenheit, Harmonie und Form
- **altruistische Motivation** – der Antrieb zu humanitären Bemühungen oder uneigennützigem Helfen
- **wirtschaftliche Motivation** – der Antrieb für wirtschaftlichen oder praktischen Gewinn und Wettbewerb
- **individualistische Motivation** – der Antrieb zu Unabhängigkeit und Einzigartigkeit
- **politische Motivation** – der Antrieb, Kontrolle zu übernehmen und Einfluss zu haben
- **regulatorische Motivation** – der Antrieb, Ordnung, Routine und Struktur zu etablieren
- **theoretische Dimension** – der Antrieb für Wissen, Lernen und Verständnis

Jeder von uns verfügt über alle sieben Motivationskanäle, doch sind sie extrem verschieden ausgeprägt. Künstler sind zum Beispiel häufig stark ästhetisch und individualistisch motiviert, während die wirtschaftliche Dimension ihres Lebens für sie uninteressant ist. Jemand, der stark politisch motiviert ist und Einfluss nehmen will, wird niemals mit einem Posten glücklich, in dem er nichts zu sagen hat. Jemand, der wirtschaftlich stark motiviert ist, braucht einen Job mit starken ökonomischen Reizen. Motivatoren sind neutral. Sie sind weder schlecht noch gut. Jeder dieser Kanäle deckt wichtige Dimensionen des menschlichen Lebens ab. Du kannst dir deine Motivatoren nicht aussuchen. Sie verändern sich nur in großen Zeitabständen.

DEINE HELDENREISE

»Vorausschauend kann man die Punkte nicht verbinden; die Verbindung zeigt sich erst in der Rückschau. Man muss also darauf vertrauen, dass sich die Punkte irgendwie in der Zukunft zusammenfügen. In irgendetwas muss man Vertrauen entwickeln – in das eigene Bauchgefühl, Schicksal, Karma, was auch immer. Mit dieser Einstellung lag ich nie falsch, sie hat mein Leben entscheidend geprägt.«[2]

Steve Jobs

Dieses Zitat ist ein Auszug aus einer der wenigen Reden, die Steve Jobs im Laufe seines Lebens hielt. Er wollte illustrieren, wie bedeutsam es ist, seinen Impulsen zu folgen und darauf zu vertrauen, dass sich uns rückschauend der tiefere Zusammenhang unserer Heldenreise ergibt. Ich bin der Meinung, wir müssen damit nicht bis zum Ende warten, sondern können bereits jetzt auf unser bisher gelebtes Leben zurückschauen und – wie in einem Märchen – versuchen, den tieferen Sinn darin zu erkennen. Stell dir vor, du legst all die wichtigen Erfahrungen deines Lebens – die nega-

2 Steve Jobs, Rede vor Studenten bei der Abschlussfeier, Stanford, 12.06.2005, Übers. von Veit Lindau.

tiven und die positiven – wie Puzzleteilchen auf einen Tisch. Dann entspannst du deinen Blick. Du betrachtest sie weniger rational als eher intuitiv und versuchst, das große Gesamtbild zu erkennen. Egal wie alt du bist, vielleicht bist du ja noch ein Teenager, vielleicht bist du 30, 50, 70: Jeder von uns hat bereits immense Erfahrungen gesammelt. Sie sind uns oft nur nicht bewusst. Zum einen, weil wir ständig weiterhetzen und uns nicht mehr die Zeit nehmen, die Ereignisse zu rekapitulieren. Zum anderen, weil wir den Wert unserer Erlebnisse häufig an äußeren Maßstäben bemessen. An dem, was die Gesellschaft oder unsere Familie als wertvoll erachtet. Ich habe mich zum Beispiel lange Zeit dafür verurteilt, meine akademische Laufbahn als Mediziner abgebrochen zu haben. Ich fühlte mich deswegen unvollständig. Bis ich erkannte, dass genau dieser Bruch mich auf meinen Pfad geführt hatte. Der verlief seitdem oft krumm, turbulent, auf und ab. Ich habe Niederlagen und Siege gekostet. Ich habe es mir nicht leicht gemacht. Doch genau dieses oft so schmerzhafte Ringen um meinen Platz war im Nachhinein kein Fehler, sondern mein individuell maßgeschneidertes Trainingscamp für die Arbeit als Coach, Trainer und Autor. Ich wünschte, jemand hätte mir damals, als ich so hart mit mir ins Gericht ging, gesagt, was ich an dieser Stelle mit dir teilen möchte:

Vertrau dem Leben mehr als deiner Beurteilung. Das, was du als deinen hässlichsten Makel ansiehst, birgt eine einzigartige Schönheit. Deine Fehler sind der Kompost für deine Gaben. Deine tiefsten Wunden rufen dich, wenn du sie annimmst, auf den Pfad deines Mysteriums.

Kennst du das Märchen vom hässlichen Entlein? Es macht in seiner Kindheit die schmerzhafte Erfahrung, ausgestoßen, ausgelacht, das hässlichste Entlein zu sein. Bis sich nach Ablauf eines Jahres herausstellt, dass es eigentlich ein junger Schwan ist und sich nur mit den falschen Maßstäben gemessen hat. Plötzlich – in einem anderen Bewertungsrahmen – ergeben all seine Erfahrungen einen tieferen Sinn. So ist es mit dir und jedem Menschen. Davon bin ich zutiefst überzeugt. Wir müssen nur aufhören, unser Leben ständig mit anderen zu vergleichen, und es stattdessen als unseren ganz und gar einzigartigen Mythos annehmen und entfalten.

Der Beginn deiner Heldenreise

Nimm dir Zeit, auf dein bisheriges Leben zu schauen, und stell dir vor, es ist eigentlich eine Heldenreise. Du musst dafür nicht unbedingt etwas »Spektakuläres« erlebt haben. Auch in den scheinbar einfachen Lebensläufen verbirgt sich IMMER eine erzählenswerte Geschichte. Oft erkennen wir diese Zusammenhänge erst aus der Distanz.

Erforsche dein Leben anhand der folgenden Fragen und beantworte sie separat auf einem Blatt Papier:

Was war der erste starke Ruf, der dich auf deine Heldenreise gebracht hat? (eine Krise, ein Problem, eine drängende Sehnsucht, eine zentrale Wunde)
Was waren die Hindernisse auf deinem Weg (innen und außen), die dich fast davon abgehalten hätten, deine Heldenreise anzutreten bzw. fortzusetzen?
Was waren die glücklichen Umstände, »Engel«, Mentoren, die dich dabei unterstützt haben, deinem Ruf treu zu bleiben?
Welche zentralen Prüfungen hattest/hast du bis jetzt auf deiner Heldenreise zu bestehen?
Welche innere Wunde musstest du heilen bzw. bist du am heilen?
Welche inneren Fähigkeiten und Stärken musstest du (oder musst du noch) freisetzen, um deine Heldenreise erfolgreich bestreiten zu können?
Welche äußeren Kräfte haben dir dabei geholfen/helfen dir, deine Heldenreise erfolgreich zu bestreiten?
Welche zentralen Erkenntnisse über das Gute, Wahre und Schöne im Menschen hast du durch deine Reise gewonnen?
Was lernt das Leben selbst durch dich, in dir?

Wenn du dein Leben voll annimmst und aufrecht lebst, in welchen Themen und Herausforderungen wärest du ein gutes Vorbild für andere Menschen?
Was ist das zentrale Credo deines Lebens?
Was wird durch dein Leben schöner in der Welt?
Durch welche Form möchtest du deine Botschaft mit der Welt teilen? (Mutterschaft, Bäckerei, Coaching, Malen, Tanzen …)
Wenn du die Reise dieser Heldin, dieses Helden so von außen betrachtest, was glaubst du, welche Aufgaben als Nächstes von ihr/ihm zu meistern sind?
Stell dir vor, diese Heldenreise geht auf jeden Fall gut aus. Beschreibe ihr optimales Ende. Wie fühlt sich das für dich an?

Hinweis: Du musst nicht auf jede dieser Fragen antworten. Sie dienen zur Orientierung. Du musst auch keinen Literaturpreis gewinnen. Schreib einfach drauflos. Erzähle einem guten Freund, deiner oder deinem Liebsten davon ...

DEIN MEISTERWERK LEBEN

Wir sind jetzt an einem spannenden Abschnitt des Buchs angekommen.
Hast du dich von den verschiedenen Fragen und Perspektiven berühren lassen? Dann hast du mittlerweile sehr viel über dich erfahren.
Nun ist es an der Zeit, dafür zu sorgen, dass du keinen Schöpfungsstau erleidest. Was ist ein Schöpfungsstau? Die Psychologie spricht auch von der Mind-Behavior-GAP – der Lücke zwischen dem, was du denkst, und dem, was du tust. Wenn du viel über dich weißt, aber nur einen Bruchteil davon lebst, wird die Lücke zwischen Einsicht und Handeln immer größer. Du fühlst dich unwohler, angestaut oder zerrissen. Weil du das, was dir die Schöpfung an Impulsen sendet, nicht auf die Straße bringst. Das nenne ich einen Schöpfungsstau. Du kannst auf zwei Arten damit umgehen:

VARIANTE 1: Kopf in den Sand

Du lenkst dich ab, bis du deine innere Wahrheit nicht mehr spürst. Das funktioniert kurzfristig ganz gut. Langfristig platzt die Bombe irgendwann, denn die Spaltung ist in dir ja immer existent. Du wirst krank, wütend, depressiv ...

VARIANTE 2: Hintern in Bewegung setzen

Du nimmst deinen ganzen Mut zusammen und beginnst, deine Wahrheit umzusetzen. Darum geht es in diesem Abschnitt des Buchs. Letztendlich zählt nicht, was du weißt, sondern, was du bist. Also ab in die Sonne mit deinem Meisterwerk ...

VERTRAUEN

Machen wir uns nichts vor: Authentisch zu leben – von innen nach außen – ist gefährlich. Du wirst Fehler machen, dich blamieren, auf Ablehnung stoßen. Du wirst wieder und wieder am Rand deiner Komfortzone stehen und nicht wissen, was der nächste Schritt ins Ungewisse bringt. Doch ist die Alternative weniger gefährlich? Das qualvolle Zögern? Die nagenden Zweifel: »Was wäre gewesen, wenn?« Werden wir nicht auch auf den sogenannten »sicheren« Pfaden Fehler machen, Ablehnung erfahren?

Da stehst du nun. Mit deiner Kraft, deinen Impulsen. An der Grenze zum Neuland. Du fühlst Unsicherheit, vielleicht sogar Angst. In Gesprächen stelle ich immer wieder fest, dass viele Menschen auf einen absolut angstfreien Moment hoffen, um loszugehen. Sie glauben, sie könnten noch nicht starten, weil ihnen das Vertrauen fehlt. Dabei übersehen sie, dass es genau andersherum funktioniert. Vertrauen kommt nicht einfach so. Es ist der Lohn für unser Risiko. Nur so können wir herausfinden, ob das Leben uns trägt.

Wenn du lange von außen nach innen gelebt hast, musst du dich erst wieder kennenlernen. Du musst lernen, auf deine innere Stimme zu hören und ihren Ansagen zu folgen. Wirst du dabei

Fehler machen? Und ob! Deshalb ist es sinnvoll, nicht wie ein stures Nashorn voranzuschreiten, sondern dich offen und flexibel vorwärts zu bewegen.

Du lauschst am Morgen.

Du empfängst einen Impuls.

Du probierst ihn aus.

Du setzt diesen Schritt ins Neuland, und dann achtest du auf das Feedback des Lebens.

Was passiert in dir?

Fühlst du, wie der Schritt Kraft und Freude freisetzt? Jenes leise Triumphieren deiner Seele, weil du es einfach getan hast!

Wie antwortet das äußere Leben? Kommt es dir entgegen?

Wirft es dir Steine in den Weg? Bedeuten sie, dass du aufhören sollst, oder rufen sie dir zu: »Hey, streng dich erstmal richtig an!«?

Die Antwort darauf findest du nicht in Büchern, sondern tief in dir. Du bist Part dieses Lebens. Verbunden mit allem. Wie sollte dein System nicht wissen, was gut für dich ist?

Doch um diese Intuition freizulegen, musst du bereit sein, die Ebene des rationalen Abwägens hinter dir zu lassen. Du wirst immer Für- und Wider-Gedanken finden. Du kannst mit dir selbst mindfucken, bis du vollständig gelähmt bist.

Du musst tiefer tauchen. Stiller werden. Und dann der Antwort, die du im Herzen deines Meister-

werks findest, vertrauen. Schau dich um. Lausche aufmerksam den Gesprächen deiner Mitmenschen. Die meisten leben »Was wäre wenn«-Entwürfe. Kopien anderer Leben.
Die wenigen anderen wirst du am Leuchten ihrer Augen und am ruhigen Klang ihrer Stimme erkennen. Sie strahlen Frieden und Entschlossenheit zugleich aus. Sie wurden gerufen. Sie haben geantwortet. Und von da ist es eine andere Dimension des Seins.
Du kannst noch 1000 Bücher lesen, Workshops besuchen, Beratungen in Anspruch nehmen. Irgendwann musst du dich radikal entscheiden. Warten oder heraustreten?
Deine kühnsten Träume sind ohne Handlungen nichts. Es ist schlauer, heute einen kleinen Impuls in eine Handlung umzusetzen, als eine geniale Idee bis zu deinem Tode mit dir herumzutragen. Einen Gedanken bis in die Materie hinein zu verwirklichen ist ein Akt radikaler Selbstliebe. Denn du demonstrierst dir und der Welt damit, dass du es dir wert bist.
Welchen kleinen, mutigen Impuls wirst du heute noch durch eine Handlung befreien?
Um mutig zu sein, brauchst du keine Angstfreiheit. Du brauchst Wissen um die Kostbarkeit und Endlichkeit deiner irdischen Existenz. Dies lässt jedes Zögern so absurd erscheinen. Ein inneres Grinsen breitet sich aus. Du spürst deine schlot-

ternden Knie und denkst: »Jetzt erst recht!«, und
setzt den nächsten Schritt.
Heute.
Morgen.
Übermorgen.
Und sie werden von dir sagen:
Das Leben hat ihn bzw. sie voll geöffnet.

DIE 10 000-STUNDEN-FRAGE

Ich begleite in meinen Beratungen sehr gern Menschen auf ihrem Weg zum Erfolg, etwa beim Aufbau einer beruflichen Selbstständigkeit, beim Erreichen eines hochgesteckten finanziellen Ziels, beim Realisieren eines kreativen Projekts oder beim Anbahnen einer erfüllten Partnerschaft.

Dabei musste ich feststellen, dass nicht jeder, der seit Jahren von seiner Vision träumt, bereit ist, auch nur ein Jahr konzentriert und entschlossen dafür zu gehen. Es gibt eine Menge Träumer da draußen. Dankbare Abnehmer von oberflächlichen Ratgeberbüchern, die Erfolg über Nacht versprechen. Was sie nicht gern hören bzw. lesen, ist, dass alles seinen Preis hat.

Selbstverwirklichung ist kein Spaziergang. Es ist das höchste Ideal eines menschlichen Lebens. Dein inneres Meisterwerk zu entdecken und es dann auch noch authentisch und frei mit der Welt zu teilen – mehr geht nicht. Der Weg dahin wird dir alles schenken und ... dir sehr viel nehmen.

Du wirst dich all deinen Ängsten stellen müssen.

Du wirst wieder und wieder getestet werden. Ist dir Wahrhaftigkeit wichtiger als Anerkennung, Geld, Sicherheit? Du wirst Tage erleben, da bedeutet Selbstverwirklichung, genau das zu tun,

was dir gerade Spaß macht. Und es werden Tage kommen, da wirst du auf jeden Spaß verzichten müssen, um dir treu zu sein.
Es ist leicht, ein Buch darüber zu lesen und zu *denken*, man hätte etwas verstanden. Doch wie viel Prozent der Leser stellen das Buch danach ins Regal und bestellen das nächste? Einfach, um den Moment hinauszuschieben, in dem die eigentliche Arbeit beginnt.
Wenn jemand zu mir in die Beratung kommt, konfrontiere ich ihn sehr bald mit den ersten konkreten Aufgaben. Ich möchte so schnell wie möglich herausfinden, ob der Mensch vor mir bereit ist, sich selbstständig zu bewegen, oder ob er gekommen ist, um sich von jemand anderem bewegen zu lassen. Und ich stelle ihm gern gleich zu Beginn die folgende Frage:
»Bist du bereit, 10 000 Stunden deines Lebens in deinen Erfolg zu investieren?«
Meist friert meinen Klienten dann erst einmal das Lächeln ein. So war es dann doch nicht gedacht. Überhaupt, woher die Zeit nehmen? Sie sind doch schon 40 oder 50. Zu diesen Einwänden gleich noch mehr.
Woher kommt die Zahl? Der amerikanische Autor Malcom Gladwell analysiert in seinem Buch »Überflieger« das Erfolgsgeheimnis von weltbekannten »Genies« wie Mozart, Beethoven, Michael Jackson ... und kommt dabei zu einem erstaun-

lichen Ergebnis. Ja, sie hatten alle viel Talent. Sinn des Mittelteils dieses Buches ist es ja, dir zu helfen, deinen wahren Talenten auf die Spur zu kommen. Doch das allein nützt gar nichts. Sie alle hatten mindestens 10 000 Übungsstunden hinter sich, bevor sie den Zenit ihres Schaffens erreichten.

So möchte ich dich nun, gegen Ende dieses Buchs, fragen:

Willst du es wissen?
Willst du wissen, wer du wirklich bist und wofür du hier bist?
Bis du bereit, 10 000 Stunden deines Lebens in die Entdeckung und Befreiung deines Meisterwerks zu investieren?

Vielleicht denkst du gerade: »Veit, so gern. Aber ich habe nicht die Zeit dafür.«
Dann möchte ich dich gern zurückfragen:
Wofür hast du dann Zeit, wenn nicht für dich?
Womit verbringst du denn die ca. 16 Wachstunden jeden Tag, wenn nicht mit dem Enthüllen deines Meisterwerks?
Mit dem Job, der deine Miete bezahlt?
Mit dem Erledigen von Aufgaben, die dir andere auftragen?
Mit dem Lesen von Magazinen über das Leben fremder Menschen?

Was nutzt dir das alles, wenn es in der Tiefe nicht dem einen heiligen Zweck gewidmet ist: dich zu erkennen?
Nein. Ich meine nicht, dass du deinen Job kündigen, keine Aufgaben mehr erledigen oder keine Magazine lesen sollst.
Ich sage: Widme ab jetzt alles der Befreiung deines Meisterwerks.
Es ist ein Riesenunterschied, ob du am Morgen aufstehst und denkst: »Oh, heute ist Donnerstag. Noch zwei Tage arbeiten, dann habe ich wieder ein Wochenende frei.« (Frei!? Frei von was?) Oder: »Oh, heute ist Donnerstag. Ein weiterer kostbarer Tag, der mir geschenkt wurde, um möglichst viel über mich und das Mysterium des Lebens herauszufinden.«
Du wirst vielleicht genau denselben Jobs nachgehen, doch du wirst die Zeit radikal anders erleben. Du bist kein Zahnrädchen mehr in einem großen, anonymen Getriebe, sondern ein Jäger von Lebenskraft. Alles, auch die unangenehmen Situationen, arbeitet plötzlich für dich. Je mehr du über dich weißt, desto klarer wirst du sehen, ob es Zeit ist, sich den Umständen noch mehr hinzugeben, sie zu verändern oder weiterzugehen.
Die Fragen im Mittelteil des Buchs helfen dir, deine Lebenszeit optimal zu nutzen. Sie verwandeln deine Arbeit, deine Ehe, ja selbst das Warten

an der Bushaltestelle in eine spannende Unterrichtsstunde. Du stehst am Morgen auf und zentrierst dich wie ein Krieger, der in die Schlacht zieht. Der Gegner? Unbewusstheit. Der Preis? Dein Erwachen.

Am Abend vollendest du diesen reichhaltigen Trainingstag des Lebens mit einigen guten Fragen und einem stillen oder lauten Feiern seiner Geschenke.

Du bist bereits 70 und glaubst, nicht mehr so viel Zeit zu haben? Wer sagt das? Wer behauptet, dass wir mit Eintritt ins Rentenalter langsam geistig abzudanken haben? Eine meiner schönsten Berufserfahrungen war die begleitende Beratung einer 75-jährigen pensionierten Lehrerin, die keinen Bock hatte, aufs Ende zu warten. Sie kam zu mir und sagte mit leuchtenden, lebenshungrigen Augen: »Veit, ich weiß, dass ich mein gesamtes Leben lang brav gewesen bin. Jetzt bin ich dran. Ich will wissen, was noch alles in mir steckt.« Sie überraschte nicht nur sich selbst, sondern ihre gesamte Familie mit einer neuen, tief leidenschaftlichen, zum Teil richtig wilden Seite!

Niemand von uns weiß, wie lange er noch Zeit hat, sich die richtigen Fragen zu stellen und mutig den Antworten zu folgen. Manche leben, als hätten sie ewig Zeit, und gehen deshalb nie los.

Stell dir vor, du würdest ab heute nur drei Stunden täglich die Fragen dieses Buchs entspannt im Hin-

tergrund mitlaufen lassen. Das sind 1000 Stunden im Jahr. 10 000 Stunden in zehn Jahren.
Was glaubst du, um wie viel wacher, klarer und erfüllter würdest du dann leben?
Lohnt sich das?
Sag du es mir.

22 STRATEGIEN, UM DEINEN INNEREN RUF ZU STÄRKEN

1. Mach die Frage »Was will ich wirklich?« zu deinem Mantra.

2. Tue alles, was du tust, mit starker Präsenz oder lass es bleiben.

3. Rufe den Tod als Lehrer in dein Leben. Erinnere dich immer wieder daran, dass alles, was dir bleibt, dein Leben ist.

4. Frage deine Freunde, was sie schön und attraktiv an dir finden. Wann erleben sie dich in deiner Kraft?

5. Genieße es, mehr zu geben, als du zurückerwartest.

6. Hilf anderen Menschen, wo auch immer du kannst, ein erfülltes Leben zu leben.

7. Gib deine Selbstbezogenheit auf. Deinem inneren Ruf zu folgen ist etwas anderes, als dich um deinen Nabel zu drehen. Deinem inneren Ruf zu folgen bedeutet, dem Leben so gut und wirksam wie möglich zu dienen.

8. Zwei Fragen führen zum Erfolg:

   a. Was bereitet mir die größte Freude, wenn ich es tue?
   b. Womit kann ich dem Leben am besten dienen?

9. Wenn du etwas tust, das beide Fragen mit JA beantwortet, wirst du in den Genuss der Synergiekräfte des Lebens kommen. Dein Weg wird sich dir regelrecht unter deine Füße schieben.

10. Entwickle eine klare und positive Geisteshygiene. Enttarne negative, begrenzende Glaubenssätze. Kämpfe nicht gegen sie, sondern ersetze sie durch neue, positive.

11. Übergehe nie negative Gefühle. Heiße sie willkommen. Akzeptiere sie, doch lass dich nicht von ihnen beherrschen.[3]

12. Wenn du weißt, was du willst, werde darin richtig gut!

---

3 Weil dies einfacher klingt, als es getan ist, findest du im Leserbereich auf www.erfolgswerk.tips die geführte Meditation »Emotionale Selbstheilung«.

13. Tue alles, was du tun kannst, und dann ein klein wenig mehr ... und dann lass los.

14. Wertschätze jedes Feedback. Angenehmes und unangenehmes. Lausche. Lass dich berühren. Korrigiere.

15. Wenn du der Mensch werden willst, von dem du träumst, musst du den Menschen voll lieben, der du bist.

16. Gewöhne dich an Angst. Angst bedeutet lediglich: »Achtung! Sie verlassen die bekannte Zone!« Die intelligenteste Art, mit Angst umzugehen, ist, sie in freudige Erregung zu verwandeln.

17. Konzentriere dich auf deine Stärken. Finde gute Partner, die das liebend gern tun, was du nicht tun willst ... oder auch gar nicht kannst.

18. Höre auf, dich für deinen Traumjob oder deinen perfekten Partner aufzusparen. Dein Traumjob hat längst begonnen und endet mit deinem letzten Atemzug. Dein perfekter Partner ist auch schon da. Er lächelt dich an, wenn du in den Spiegel schaust. Gib da, wo du bist, alles. Und du wirst staunen, wie sich das Universum um dich herum organisiert.

19. Wenn du einen Entschluss fasst, setze ihn innerhalb von 72 Stunden um.

20. Suche dir Verbündete.

21. Wenn du mal wieder vor ungesunder Anstrengung verkrampfst, erinnere dich mit der Affirmation »Es darf einfach sein« daran, dass dein Meisterwerk bereits in dir auf dich wartet. Entspanne dich wach, und du bist es.

22. Have fun!

ERFOLGSWERK TIPP

Im Leserbereich findest du weitere vertiefende und ermutigende Videos zum Thema. Bleib dran!!!

DANKE

Ich danke dir, dass du deine so wertvolle Aufmerksamkeit mit mir geteilt hast.
Ich wünsche dir von Herzen, dass dieses Buch dazu beiträgt, dass du dich noch tiefer in das Mysterium deines Lebens verliebst.
Befreie dein Meisterwerk.
Jeden Tag ein Stück mehr.
Liebe, was du tust.
Tu, was du liebst.
Du bist hier, um zu lieben.
Dich. Dein Tun. Deine Fragen. Deine Beziehungen.
Lass alles einen Akt der Liebe sein.

Ich wünsche dir von Herzen ...

... Respekt für deine Chance,
... Achtsamkeit, deinem inneren Ruf Gehör zu schenken,
... Vertrauen, seinen Zeichen zu folgen,
... Mut, viele bewusste Fehler zu begehen,
... die Selbstliebe, um sie dir schnell und liebevoll zu vergeben,
... und den unverwüstlichen Humor, immer wieder grinsend aufzustehen, wenn du in die Knie gegangen bist.

Ich wünsche dir, dass dich dein Meisterwerk findet und du einen Weg findest, dich damit zum Wohle aller Wesen zu verschenken.

Danke, dass du mir erlaubt hast, ein Teil deines Weges zu sein und so meinen Ruf mit dir zu teilen.

EPILOG

Ein Menschenkind wurde geboren. Voller Neugier und Vertrauen eroberte es die Welt. Dann infizierte es sich mit Selbstzweifel und Angst. Anstatt sein Abenteuer zu leben, begann es zu zögern und zu hoffen. Es begann, auf den perfekten Moment zu warten, um endlich richtig loszulegen. Doch der kam leider nie. Dann war es plötzlich schon alt. In den letzten 20 Minuten schaute es auf sein unerfülltes Leben voller verpasster Chancen zurück und hätte sich vor Wut in den Hintern gebissen, wenn es das noch gekonnt hätte. Dann starb es ...
... und wachte schweißgebadet auf und realisierte, dass es Gott sei Dank nur schlecht geträumt hatte und dass heute der perfekte Tag ist, um alles zu geben und sich voll an das Leben zu verschenken.

Leg los!

In Verbundenheit
Veit

ANHANG

Über das Erfolgswerk

Das Erfolgswerk ist ein spielerisch-ernst aufzufassendes Bildungsprojekt, das es sich zur Aufgabe gemacht hat, die für unser Glück so wichtige Erfahrung der Selbstwirksamkeit als Gesprächs- und Entwicklungsthema breiten Teilen der Bevölkerung zugänglich zu machen.

Das geistige Fundament des Erfolgswerks besteht aus zwei Kernthesen:

1. Niemand lebt bereits sein volles Potenzial. Es geht immer noch viel mehr.
2. Ein Mensch, der weiß, was er wirklich-wirklich will, und sich dafür erfolgreich einsetzt, nutzt der gesamten Gesellschaft.

Die zentrale Austauschplattform des Erfolgswerks ist die Website **www.erfolgswerk.tips.**
Hier findest du wertvolle Informationen, interaktive Bücher, Interviews, Videos ... rund um die Themen Erfolg und Selbstwirksamkeit. Die Leser dieses Buchs erwartet auch ein eigener Leserbereich mit Zusatzmaterial.

Das agile und multimediale Projekt wurde von Veit Lindau initiiert und ist offen für viele weitere Erfolgsexperten, ermutigende Beiträge und Selbsterfahrungsberichte! Immer her damit!

Mehr gutgesinnte UND erfolgreiche Menschen braucht das Land.

Weiterführende Buchtipps

Auf der Website **www.erfolgswerk.tips** findest du Hinweise auf weiterführende Literatur. Die Liste wird ständig ergänzt.

Veit Lindau

Autor. Trainer. Speaker.

Veit Lindau (geb. 1969) wirkt als Teacher, Speaker und Autor. Er versteht sich als liebevoll-konsequenten Reformer, achtsamen Businesspunk und Freigeist. Er gilt im deutschsprachigen Raum als führender Experte für eine integrale Selbstverwirklichung des Menschen. Durch erfolgreiche Unternehmen und Projekte (Life Trust Akademie, HUMAN TRUST AG, ichliebedich-Mtiftung) demonstriert er, dass es möglich ist, Sinnhaftigkeit und Erfolg miteinander zu vereinen.

Sein gegenwärtiges größtes Projekt ist die Entwicklung des HUMAN TRUST, einer integralen Coaching- und Vernetzungsplattform mit mehreren tausend Mitgliedern. Seine Bücher, einige Bestseller (»Werde verrückt«, »SeelenGevögelt«, »Heirate dich selbst«, »Liebe Radikal«, »NO Problem«), sind provokante, liebevolle Weckrufe.

Energisch und augenzwinkernd ruft er dazu auf, im täglichen Leben konkret umzusetzen, was wir alle bereits wissen. In seinen Vorträgen und Seminaren ermutigt, inspiriert und fordert er heraus.

Texte, Videos und Events:
www.veitlindau.com

Bleib täglich mit Veit in Kontakt:
www.facebook.com/veitlindau